ESTRELA VERMELHA
SOBRE O TERCEIRO MUNDO

Vijay Prashad

ESTRELA VERMELHA
SOBRE O TERCEIRO MUNDO

1ª edição
Expressão Popular
São Paulo – 2019

© 2017, by Vijay Prashad
© 2019, by Editora Expressão Popular

Primeira publicação em novembro de 2017, por LeftWord Books, Nova Déli, Índia, sob o título *Red star over the Third Word*.

Tradução: *Dafne Melo*
Revisão: *Dulcineia Pavan e Lia Urbini*
Projeto gráfico, diagramação e capa: *ZAP Design*

Dados Internacionais de Catalogação-na-Publicação (CIP)

P911t   Prashad, Vijay
        A estrela vermelha sobre o terceiro mundo. / Vijay Prashad; tradução de Dafne Melo. —1.ed.--São Paulo : Expressão Popular, 2019.
        152 p.

        Indexado em GeoDados - http://www.geodados.uem.br.
        Tradução de: Red star over the third word.
        ISBN 978-85-7743-358-2

        1. Comunismo. 2. Revolução russa. I. Melo, Dafne, trad. II.Título.

                                                    CDD 947
Catalogação na Publicação: Eliane M. S. Jovanovich CRB 9/1250

Todos os direitos reservados.
Nenhuma parte desse livro pode ser utilizada ou reproduzida sem a autorização da editora.

1ª edição: abril de 2019
2ª reimpressão: setembro de 2022

EDITORA EXPRESSÃO POPULAR
Rua Abolição, 197 – Bela Vista
CEP 01319-010 – São Paulo – SP
Tel: (11) 3112-0941 / 3105-9500
livraria@expressaopopular.com.br
www.expressaopopular.com.br
🛦 ed.expressaopopular
📷 editoraexpressaopopular

SUMÁRIO

Apresentação à edição brasileira 9

Prefácio 15

Túmulos orientais 21

Outubro vermelho 27

Siga os passos dos russos! 43

Os pulmões da Rússia 55

Camponeses soviéticos 65

Ásia soviética 73

Inimigo do imperialismo 89

Marxismo oriental 99

Para ver o alvorecer 109

Fascismo colonial 119

Comunismo policêntrico 133

Memórias do comunismo 143

Este livro é para
Brinda Karat
que tem me guiado
desde sempre
e continua
a me guiar ainda.

APRESENTAÇÃO
À EDIÇÃO BRASILEIRA

Estrela vermelha sobre o terceiro mundo procura recuperar, a partir de uma interpretação histórica, o impacto e as consequências da Revolução de Outubro de 1917 sobre os diversos países do chamado Terceiro Mundo, desde a Ásia até à América Latina, tanto no sentido de motivar lutas populares – demonstrando, antes de tudo, que a revolução é algo possível – quanto no de fomentar a organização de partidos ao redor do mundo – o que gerava muitas contradições, por vezes produtivas, entre uma diretriz política pensada a partir da URSS e as realidades e particularidades dos diferentes países – para a construção de uma sociedade socialista.

Esta é a perspectiva de Vijay Prashad, historiador, membro do Partido Comunista da Índia (Marxista), editor-chefe da Leftword books, na Índia, e diretor do Instituto Tricontinental de Pesquisa Social. Com mais de 25 livros publicados, nosso autor tem como principal característica compreender os processos sociais e históricos a partir da décima primeira tese sobre Feuerbach, enunciada por Marx: "Os filósofos até agora apenas interpretaram o mundo, no entanto, trata-se de transformá-lo". Esta é a tarefa que Vijay se coloca como um "novo intelectual", nos termos de Gramsci, que se educa na tensa relação entre teoria e prática, para construir o projeto histórico dos trabalhadores em âmbito mundial.

Escrito e publicado por ocasião do centenário da Revolução Russa, este livro não se propõe a ser um estudo exaustivo e detalhado desse processo histórico, mas contém, segundo o autor, "uma grande esperança: que a nova geração venha a saber dessa importância da revolução para operários e camponeses naquela parte do mundo que sofreu com a opressão da dominação colonial" (ver adiante, a p. 19). O conhecimento dessa experiência, à época, mas também ainda hoje, serve como um alimento para a luta dos povos em todo o mundo, pois ali se inaugurou algo aparentemente impossível: a vitória da maioria trabalhadora sobre a minoria exploradora.

A Editora Expressão Popular, em conjunto com o Instituto Tricontinental de Pesquisa Social, inicia com este livro uma série de publicações em parceria, que procuram trazer – fortalecendo o princípio do internacionalismo – contribuições e elaborações de pesquisadores marxistas fora dos eixos hegemônicos de produção.

Vijay procura destacar também que o triunfo da revolução não teria sido possível sem uma sólida organização da classe trabalhadora com uma direção política estreitamente vinculada a ela. Assim, ele ressalta a perspicácia teórica de Vladimir Ilitch Lenin que, tendo dedicado sua vida à revolução, procurava entender as formas de desenvolvimento do capitalismo mundial e as suas particularidades na Rússia, e quais táticas e formas organizativas deveriam ser adotadas pelos trabalhadores para enfrentar as classes dominantes.

Baseados nos ensinamentos de Karl Marx sobre o caráter mundial da dominação capitalista e na necessidade daí decorrente da luta dos trabalhadores também ser internacional, os revolucionários russos se inseriram no processo de construção da II Internacional, fundada em 1895 por Friedrich Engels. No entanto, considerando a ofensiva imperialista, principalmente com a Primeira Guerra Mundial, e a vacilação histórica da social-democracia que cada vez mais defendia as posições das classes dominantes contra os trabalhadores, eles, já com o controle do Estado, propõem, em 1919, a criação da Internacional Comunista (Komintern), também conhecida como III Internacional. Essa iniciativa tinha como objetivo central construir a revolução mundial, tendo como diretriz primeira a criação de partidos comunistas em todos os países do mundo para com isso "apoiar e orientar as forças revolucionárias ao redor do mundo, conectando-as umas às outras, e intensificar suas queixas e reivindicações" (ver adiante a p. 28).

Sabemos que a atuação da III Internacional é assunto de ampla polêmica pelo viés dogmático que muitas vezes a interpretação da teoria social de Marx assumiu nas diretrizes políticas – mencione-se, principalmente a questão das etapas da revolução. Mas, ao mesmo tempo, sem o seu impulso, diversas lutas e mobilizações populares não obteriam o alcance que tiveram. Ou seja, se estabelece uma contradição entre as orientações vindas da URSS para os partidos comunistas dos diversos países e a força criativa das lutas locais. É nesse sentido que Vijay destaca, por exemplo, o protagonismo e as batalhas que as mulheres tinham de enfrentar no interior do próprio movimento comunista, nomeadamente as figuras de Alexandra Kollontai e da comunista Turca Naciye Hanim, uma das 55 delegadas entre os 2 mil participantes do Congresso do Povo do Oriente, organizado pelo Komintern.

Outro aspecto que chama a atenção é o vigor de produções artísticas locais elaboradas ainda no calor da revolução, como os versos de Vladimir Maiakovski, ou ainda os poemas do mexicano Manuel Maples Arce, a pintura dos muralistas mexicanos Diego Rivera, David Alfaro Siqueiros, José Clemente Orozco, entre outros. É a partir daí que o povo e suas lutas figuram como protagonistas das obras de arte, tanto como produtores quanto como personagens.

Vale mencionar, ainda, as interpretações criativas do marxismo que surgem no bojo desse movimento, apesar do dogmatismo oficial do Estado soviético que ganha força a partir da segunda metade dos anos 1920, sobretudo após a morte de V. I. Lenin. Para Vijay, o peruano José Carlos Mariátegui é uma das principais referências nesse sentido, ao considerar o indigenismo no Peru como um fator fundamental para a se pensar e se organizar a transformação social; a mesma criatividade pode ser vista em diversos países asiáticos, como por exemplo, E. M. S. Namboodiripad, na Índia, que passa a considerar os elementos de sua realidade como ponto de partida para se pensar a revolução social. Ele ainda menciona o surgimento do Eurocomunismo, iniciado pelo secretário-geral do Partido Comunista Italiano Palmiro Togliatti, que se propunha a elaborar uma alternativa à linha da URSS já nos anos 1950-1960.

O combate travado pela URSS e pelos comunistas no mundo assumiu diferentes contornos ao longo da história, a depender da forma de ofensiva do capital e de suas forças políticas, mencione-se, por exemplo, o fascismo e o nazismo nas décadas de 1920-1930 e depois a Guerra Fria travada com os EUA. O que se manteve nesse período – e ainda hoje – é a tentativa das nações centrais do capitalismo de manter a dominação sobre as nações periféricas; é nesse sentido que a manutenção das colônias africanas por países europeus em meados do século XX opera uma junção entre a dominação econômica do capital e traços do fascismo. Somente na década de 1970 as lutas de libertação nos países da África ganhariam força proclamando a independência de Angola, Moçambique, Guiné-Bissau, Cabo Verde entre outros, numa perspectiva para além da lógica do capital.

Deste grande recorrido histórico feito por Vijay nessas páginas, algo que perpassa todo o livro é a necessidade de se aprender com a história, a partir de uma análise dos processos de transformação e estagnação, para com isso não se descartar as experiências da classe trabalhadora, como a construção da URSS, tampouco para louvá-las como modelo único a ser seguido. Mais de um século depois do seu triunfo, o grande legado da Revolução Russa para o terceiro mundo – mas não só – é o da força, da criatividade e da possibilidade de construção de uma nova sociedade pelos trabalhadores organizados, uma sociedade em que a organização social baseie-se, para relembrarmos Marx, na concepção "de cada um segundo a sua posiblidade e para cada um de acordo com sua necessidade".

Os editores

Nguyen Ai Quoc, mais tarde Ho Chi-Minh, na conferência de fundação do Partido Comunista da França, em Tours (dezembro de 1920).

PREFÁCIO

As tensões corriam soltas pelo império tsarista no início de 1917. Os soldados no *front*, lutando em uma guerra que parecia não ir a lugar algum, estavam dispostos a usar suas armas contra seus governantes. Operários e camponeses, esforçando-se para sobreviver, tinham suas foices e martelos prontos para golpear as cabeças de seus chefes e senhores de terras. Os diversos grupos socialistas e suas organizações clandestinas lutavam para construir na população uma força contra um regime tsarista cada vez mais desorientado e brutal.

Em 8 março de 1917, Petrogrado enfrentou uma escassez de combustível. Padarias deixaram de funcionar. Mulheres trabalhadoras voltavam de mãos vazias das filas para comprar pão para suas casas e para as fábricas. As operárias têxteis – irritadas com as condições de vida – entraram em greve. Era o Dia Internacional da Mulher Trabalhadora. "Pão para nossos filhos" era uma das palavras de ordem. "Pelo retorno de nossos maridos das trincheiras", dizia outra. Homens e mulheres nas fábricas se juntaram a elas. As ruas de Petrogrado foram tomadas. O Estado tsarista foi paralisado pela fúria das trabalhadoras. Foram essas mulheres que iniciaram a Revolução de Fevereiro de 1917, que culminou com a Revolução de Outubro de 1917 e com a formação da União das Repúblicas Socialistas Soviéticas (URSS).

Cem anos se passaram desde a Revolução de Outubro. A URSS, inaugurada por ela, durou somente um pouco mais de setenta anos. Passou-se um quarto de século desde o seu fim. Ainda assim, as marcas deixadas pela Revolução de Outubro permanecem não apenas nos territórios da antiga URSS, mas ainda mais no que se costumava chamar de Terceiro Mundo. De Cuba ao Vietnã, da China à África do Sul, a Revolução de Outubro segue sendo uma inspiração. Afinal, ela provou que a classe operária e o campesinato podiam não só derrubar um governo autocrático, mas também seu próprio governo, à sua imagem. Provou definitivamente que operários e camponeses podiam ser aliados. Provou, igualmente, a necessidade de um partido de vanguarda aberto a correntes espontâneas de dissidentes, mas que pudesse – a seu modo – conduzir a revolução até o fim. Essas lições reverberaram da Mongólia à China, de Cuba ao Vietnã.

Quando era um jovem imigrante em Paris, Ho Chi-Minh, então Nguyen Ai Quoc, leu a tese da Internacional Comunista sobre a questão nacional e colonial, e chorou. Era um "guia milagroso" para a luta dos povos da Indochina, acreditava ele. Sobre a experiência da Revolução Russa, Ho Chi-Minh escreveu: "o povo – tanto operários como camponeses – deve estar na base na nossa luta. Precisamos de um partido forte, uma sólida força de vontade, tendo o sacrifício e a unanimidade como foco". "Como o sol brilhante, a Revolução de Outubro reluziu em todos os cinco continentes, despertando milhões de pessoas oprimidas e exploradas em todo o mundo. Nunca existiu uma revolução com tal significado e extensão na história da humanidade". Essa é uma postura comum no Terceiro Mundo – emoções sinceras que revelam o quão importante essa revolução foi para as lutas anticoloniais e antifascistas que eclodiram como consequência de 1917.

Em setembro de 1945, quando Ho Chi-Minh subiu à tribuna para declarar liberdade ao Vietnã, ele disse simplesmente: "estamos livres". Depois, como uma reflexão posterior, afirmou: "Nunca mais seremos humilhados. Nunca!". Assim soava a confiança de pessoas ordinárias que produziram histórias extraordinárias. Eles se recusavam a serem humilhados. Queriam sua dignidade intacta. Essa foi a lição de Outubro.

Este é um pequeno livro que busca explicar o poder que a Revolução de Outubro teve para o Terceiro Mundo. Não é um estudo abrangente, mas um pequeno livro com uma grande esperança: que a nova geração venha a saber da importância dessa revolução para operários e camponeses naquela parte do mundo que sofreu com a opressão da dominação colonial. Há muitas histórias que não estão aqui e outras que não estão desenvolvidas por completo. É algo esperado em um livro como este. Mas são histórias de sentimentos, espelhos para nossas aspirações. Por favor, leia com gentileza.

O grupo LeftWord de História Comunista (Lisa Armstrong, Suchetana Chattopadhyay, Archana Prasad, Sudhanva Deshpande) colocou este livro em marcha. Nosso primeiro volume incluiu ensaios dos membros principais, e também os de Fredrik Petersson, Margaret Stevens e Lin Chun – todos importantes estudiosos do legado da Revolução de Outubro.

Agradeço a amizade e orientações de Aijaz Ahmad, Andrew Hsiao, Brinda Karat, Cosmas Musumali, Githa Hariharan, Irvin Jim, Jodie Evans, Marco Fernandes, Naeem Mohaiemen, P. Sainath, Pilar Troya, Prabir Purkayastha, Prakash Karat, Qalandar Memon, Robin D.G. Kelley, Roy Singham, Sara Greavu, Subhashini Ali, Vashna Jaganath e Zayde Antrim. Este livro não teria sido possível sem o trabalho teórico e prático de meus camaradas do Partido Comunista da Índia (marxista). Agradeço também a Zalia Maya, Rosa Maya, Soni Prashad e Rosy Samuel que fizeram com que a escrita deste livro, em Calcutá, fosse um prazer.

Este livro se baseia enormemente em fontes secundárias, mas também em materiais do Arquivo Nacional da Índia, do Museu e Biblioteca Nehru, da Biblioteca Britânica, do Arquivo Nacional do Reino Unido, dos Arquivos Russos de História Social e Política e da Livraria do Congresso. Também usei, amplamente, as obras completas de Lenin, Marx, Engels e Mao Zedong, entre outros. Agradeço aos diversos acadêmicos que pesquisaram em arquivos e produziram trabalhos importantes sobre os comunistas, do Chile à Indonésia (penso no nosso grupo de História Comunista e em pessoas como Amar Farooqui, Ani Mukherji, Barbara Allen, Chirashree Dasgupta, Christina Heatherton, John Riddell, Marianne Kamp, Michelle Patterson, Rakhshanda Jalil, Rex Mortimer, Shoshana Keller, Sinan Antoon, Winston James). A diagramação deste livro teria ficado sobrecarregada se tivessem sido incluídas as referências bibliográficas. Qualquer uma delas pode ser requerida a mim (vijay@leftword.com). Agradeço a Nazeef Mollah pela leitura atenta do manuscrito.

Lenin, lendo o *Pravda* em seus estudos no Kremlin, Moscou (16 de outubro de 1918).

TÚMULOS ORIENTAIS

Líderes soviéticos se sentaram em antigos escritórios tsaristas, com a exuberante arquitetura da autocracia, mas agora repletos da emoção gerada por suas ambições socialistas. Lenin diria a Nadezhda Krupskaya que ele raramente teve um momento de paz. Alguém sempre aparecia com um decreto a ser analisado ou com uma crise para ser evitada. Em junho de 1920, dois jornalistas japoneses – K. Fussa e M. Nakahira – chegaram a Moscou após uma longa jornada pela região asiática da nova União das Repúblicas Socialistas Soviéticas. Eles estavam ansiosos para ver Lenin, mas não estavam confiantes de que ele teria tempo para recebê-los. Após uma breve espera em Moscou, foi permitido que eles o entrevistassem. Nakahira relembrou a entrevista em seu artigo para os leitores do *Osaka Asahi*. "Eu entrevistei o senhor Lenin em seu escritório no Kremlin", ele escreveu. "Ao contrário do que eu esperava, a decoração da sala era bem simples. Seu estilo era bem simples e amável, como se estivesse cumprimentando um velho amigo. Apesar de ter a posição mais alta, não havia nenhum traço de condescendência em suas atitudes".

Lenin estava interessado no Japão, e fez uma série de perguntas precisas sobre a história e a sociedade japonesa. "Há uma classe latifundiária forte no Japão? Os agricultores japoneses têm acesso à terra livremente? Os japoneses vivem de alimentos produzidos em seu país ou importam a maior parte da comida?". Lenin perguntou a Nakahira se os pais japoneses batiam em seus filhos tal como ele havia lido em um livro. "Me diga se é verdade ou não. É um tema muito interessante", ele disse. Nakahira lhe contou que deveriam existir exceções, mas que em geral "os pais não batiam em seus filhos no Japão". "Ao ouvir minha resposta", escreveu Nakahira, em 6 junho de 1920, "ele manifestou satisfação e disse que o governo soviético tinha como política abolir essa prática". Os soviéticos baniram castigos corporais em 1917. Em 31 de outubro de 1924, a legislação penal da URSS foi além e estabeleceu que castigos em crianças, em particular, não poderiam infligir sofrimento físico, humilhação ou injúria.

Outros jornalistas estrangeiros acharam Lenin erudito e honesto. Ele parecia não ter nada a esconder. Havia problemas na nova URSS – os exércitos brancos dos países imperialistas haviam incomodado suas fronteiras, enquanto problemas antigos como a fome e a falta de dignidade não conseguiam ser facilmente superados. A impaciência com o novo regime estava no ar. Era esperado. Mas grandes expectativas também podem produzir grandes decepções. Isso foi o que Lenin disse aos jornalistas americanos, britânicos e franceses que foram vê-lo anteriormente. W. T. Goode, do *Manchester Guardian*, opinou que Lenin possuía uma "expressão agradável ao falar e que de fato sua conduta poderia ser descrita como distintamente cortês". Todo o escritório onde Lenin trabalhava, Goode escreveu, tinha "uma atmosfera de trabalho duro".

Para os alemães, ele lamentou que as insurreições na Alemanha entre 1918-1919 tivessem falhado em criar uma revolução social. Em outubro, milhões de operários alemães entraram em greve e formaram conselhos (*Räte*), o equivalente alemão para os sovietes. Marinheiros da principal frota alemã em Wilhelmshaven se recusaram a desancorar. O motim ameaçou a monarquia imperial alemã em seu âmago. Seu *slogan* – de novo, um eco dos sovietes – era "paz e pão" [*frieden und brot*]. O desdobramento dessa revolução levou à abdicação dos mesquinhos monarcas alemães e, finalmente, do imperador. Os sociais-democratas proclamaram a república, mas interromperam a revolução por meio da fraude e da violência. A formação do Partido Comunista da Alemanha, no final de 1918, veio como resultado do ritmo da revolução e da traição dos sociais-democratas. Uma manifestação massiva em 5 de janeiro de 1919 levou centenas de milhares de pessoas a Berlim, que queriam proclamar um governo revolucionário. Os soldados na Alemanha, ao contrário do que ocorreu na Rússia, não se aproximaram das massas. Eles permaneceram leais ao governo social-democrata de Friedrich Ebert. Os dois líderes do Partido Comunista – Rosa Luxemburgo e Karl Liebknecht – foram assassinados dez dias depois. A revolução falhava.

Em uma carta para os trabalhadores da Europa e Estados Unidos, publicada no *Pravda*, em janeiro de 1919, Lenin escreveu que a URSS seria "uma fortaleza sitiada enquanto os exércitos da revolução socialista mundial não viessem ao seu auxílio". Ali, Lenin usa palavras fortes ao condenar o "brutal e covarde assassinato de Karl Liebknecht e Rosa Luxemburgo" pelos sociais-democratas. "Aqueles açougueiros", ele escreveu, "foram para o lado dos inimigos". A Alemanha poderia ter tido uma revolução se os sociais-democratas não tivessem sido traidores congênitos da causa do povo. Se outro país europeu tivesse se libertado de suas correntes capitalistas, Lenin divagou a Nakahira e Fussa, a URSS não estaria tão isolada.

Inevitavelmente, Fussa perguntou a Lenin, "onde os comunistas possuem mais chance de sucesso? No Ocidente ou no Oriente?". Lenin havia pensado muito sobre essa questão, ao menos desde as revoluções na China, México e Irã, em 1911. Estas derrubaram formas de autocracias e formaram repúblicas frágeis com Sun Yat-Sen, Porfirio Diaz e o *majlis* (parlamento) iraniano. Essas insurreições inspiraram Lenin a escrever um artigo em 1913 com o provocativo título "Europa atrasada e Ásia avançada". Tal energia para uma insurreição não parecia existir nos Estados Unidos, na Grã-Bretanha (exceto na Irlanda, durante a Revolta da Páscoa, em 1916), França ou Alemanha. "Até agora", Lenin disse a Nakahira, ecoando as velhas certezas do marxismo europeu, "o comunismo real pode ser bem-sucedido apenas no Ocidente". Mas, dadas as insurreições em 1911 do México à China, em seus próprios estudos de 1916, sobre o imperialismo e o uso dos exércitos coloniais na Primeira Guerra (1914-1918), ele agregou:

> devemos lembrar que o Ocidente vive à custa do Oriente; os poderes imperialistas da Europa enriquecem principalmente devido a suas colônias orientais, mas ao mesmo tempo estão armando suas colônias e ensinando-os a lutar e, ao fazer isso, o Ocidente está cavando sua própria cova no Oriente.

Bolcheviques em Petrogrado (1917). O apoio aos bolcheviques aumentou exponencialmente entre março e novembro.

OUTUBRO VERMELHO

A Revolução Russa rasgou o tecido do tempo. O que nunca poderia acontecer tornou-se real: um Estado dos trabalhadores, um país cuja dinâmica deveria ser controlada pela classe operária e pelo campesinato. Não foi suficiente derrocar o tsar e inaugurar o domínio da burguesia. Muito sacrifício por parte do povo havia sido empregado nas revoltas que produziram a Revolução de Fevereiro de 1917 contra o domínio tsarista. Uma revolução burguesa era insuficiente. Ela sufocaria os grandes sonhos dos operários e camponeses que haviam ficado evidentes em suas palavras de ordem. Estaria a burguesia disposta a acabar com a guerra e conceder terras para o povo? Estaria um Estado burguês disposto a priorizar em sua agenda as necessidades mais urgentes da população? Era improvável. Por isso uma segunda revolução ocorreu em outubro/novembro daquele ano. Os soviéticos tomaram o poder. Eles proclamaram aos miseráveis do mundo que era possível um país ser governado por sua classe trabalhadora.

Ainda mais notável, a nova União Soviética declarou que não havia sido formada apenas para defender os interesses nacionais dos povos das repúblicas da União Soviética. "Nós alegamos que os interesses do socialismo, os interesses do socialismo mundial, são mais importantes que os interesses nacionais, mais importantes que os interesses de Estado", disse Lenin ao comitê central do Partido Comunista em maio de 1918. Foi essa postura que levou os comunistas russos a criar a Internacional Comunista (1919-1943). Essa Internacional – o Comintern – tinha como uma de suas tarefas apoiar e orientar as forças revolucionárias ao redor do mundo, conectando-as umas às outras, e intensificar suas queixas e reivindicações. A autoria da Revolução de Outubro era certamente da população governada pelo tsar, mas sua promessa era global.

A História humana nos dá alguns exemplos de trabalhadores tomando as rédeas do governo. Reis e rainhas acreditavam que era seu direito divino governar. A Revolução Francesa de 1789 colocou essa perspectiva de lado. Pessoas comuns – a plebe – se projetaram para além da fome e da guerra e reivindicaram seu direito de governar. "Liberdade, Igualdade, Fraternidade" era seu grito de guerra. Como a Revolução Russa em 1917, a sirene da Revolução Francesa foi ouvida em toda parte. Na ilha Hispaniola, Toussaint L'Overture – nascido na escravidão – liderou uma rebelião de escravos contra os proprietários de terra franceses. Foi a primeira rebelião de escravos que logrou conformar um Estado. Há uma linha direta que liga essas insurreições do final do século XVIII na França e no Haiti à Revolução Russa de 1917. Elas foram as percursoras e quebraram o feitiço de divindade que cercava os governantes. Pessoas comuns poderiam também governar. Era essa a lição das revoluções francesa e haitiana.

Tais rebeliões do século XVIII, porém, ocorreram durante – e contra – estágios mais iniciais do capitalismo, quando a propriedade estava se tornando capital e quando comerciantes dominavam as formas nascentes de indústria. Nas décadas posteriores a essas insurreições, industriais e alguns velhos aristocratas se beneficiaram com o colonialismo, a escravidão e o comércio. Eles utilizaram os lucros obtidos pelo comércio e pelo colonialismo para reformular a produção de mercadorias e serviços. Fazendo uso do melhor da ciência e da tecnologia, e aproveitando-se da expulsão de trabalhadores do campo, os industriais conceberam a produção fabril de modo a acumular mais riqueza e poder. Os industrialistas e os comerciantes – a burguesia, em suma – passaram a dominar não somente a economia, mas também a política. O que pessoas comuns fizeram nas revoluções francesa e haitiana foi derrocar a monarquia, mas não foram capazes de moldar a História segundo sua imagem. A revolução francesa foi entregue para a burguesia. O Haiti, como Cuba depois de 1959, enfrentou um vil embargo dos Estados Unidos, cujo governo temia que uma república negra pudesse ameaçar a essência de sua ordem escravocrata. Foi por esse motivo que, em 28 de fevereiro de 1806, o presidente estadunidense Thomas Jefferson proibiu todo e qualquer comércio com o Haiti. A intenção era suprimir essa república de negros livres; cento e cinquenta anos depois, quando os Estados Unidos declararam embargo contra Cuba, a intenção era derrotar a primeira república socialista – inspirada pela Revolução de Outubro – no continente americano.

O capitalismo competitivo produziu um rápido desenvolvimento na tecnologia e na produção. Grandes quantidades de mercadorias foram criadas e, simultaneamente, a burguesia colocava uma imensa pressão nos trabalhadores para que produzissem mais e ganhassem menos. Assim, muito rapidamente surgiu um problema de superprodução (excesso de mercadorias produzidas) e subconsumo (poucas mercadorias sendo adquiridas) – operários trabalhavam arduamente para produzir mercadorias em abundância, mas ganhavam muito pouco para poder comprá-las. Uma crise após a outra tomou rapidamente o sistema. *O capital* (1867), de Karl Marx, avaliou a natureza endêmica das crises de maneira precisa. Marx apontou que o capitalismo era diabolicamente produtivo e perigosamente instável, pois empobrecia trabalhadores para poder produzir uma grande civilização, mas, ao fazer isso, minava a sua própria capacidade de sobreviver. Soluções para essas crises vieram através da expansão das Forças Armadas nacionais e de guerras coloniais e por mercados. A fome dos trabalhadores tinha como o outro lado da moeda os grandes banquetes da burguesia. Foi nesse contexto que os herdeiros das revoluções francesa e haitiana surgiram – o movimento dos operários nos cinturões industriais e o movimento anticolonial formado por camponeses e operários nas colônias. Esses movimentos gêmeos formariam depois o coração do comunismo internacional.

Foi a Primeira Guerra (1914-1918) que apressou o relógio para o surgimento do comunismo internacional. Em uma pequena reunião em Zimmerwald, Suíça, em 1915, os socialistas ofereceram uma única – e marxista – interpretação para a Grande Guerra. No Manifesto de Zimmerwald, esboçado por Lenin, Alexandra Kollontai e Karl Radek, eles escreveram:

> Independentemente da verdade quanto à responsabilidade direta pela eclosão da guerra, uma coisa é certa: *a guerra que produziu este caos é o resultado do imperialismo*, da tentativa de parte das classes capitalistas de cada nação de promover a sua ganância pelo lucro, por meio da exploração do trabalho humano e dos tesouros naturais de todo o globo.

Essa não era uma guerra do povo, mas uma guerra contra o povo. A esquerda de Zimmerwald encorajou as classes trabalhadoras a resistir às guerras, a desafiar seus governantes e a criar sociedades segundo seus interesses.

As perigosas contradições da guerra provocaram uma crise importante no elo mais fraco da corrente imperialista: na Rússia tsarista. Uma manifestação do Dia Internacional das Mulheres Trabalhadoras, em 8 de março de 1917, lançou os trabalhadores das principais cidades a uma rebelião em larga escala. A marcha do Dia Internacional das Mulheres Trabalhadoras foi um marco do movimento socialista mundial na última década, desde que a Primeira Conferência Internacional das Mulheres Socialistas fez essa convocação em 1907. Em 1917, o Comitê Interdistrital de Petrogrado divulgou um panfleto conclamando as mulheres trabalhadoras a entrar em greve. É um documento apaixonado, cujo sabor pode ser extraído desses parágrafos:

> Camaradas, mulheres trabalhadoras, por quem uma guerra é travada? Precisamos matar milhões de trabalhadores e camponeses austríacos e alemães? Os trabalhadores alemães tampouco queriam lutar. As pessoas mais próximas de nós não vão de bom grado para o *front*. Eles são forçados a ir. Os trabalhadores austríacos, ingleses e alemães vão igualmente contra sua vontade. Lágrimas os acompanham em seus países, assim como ocorre no nosso. A guerra é travada por causa do ouro, que reluz nos olhos dos capitalistas que lucram com ele. Clérigos, donos de moinhos e banqueiros esperam pescar em águas turbulentas. Eles enriquecem em tempos de guerra. Depois dela, eles não pagarão os impostos militares. Operários e camponeses irão suportar todos os sacrifícios e pagar todos os custos.
>
> Queridas mulheres camaradas, vamos continuar a tolerar isso silenciosamente por muito tempo, com ocasionais explosões de raiva contra pequenos comerciantes? Na verdade, não são eles os culpados pelas calamidades do povo. Eles se arruinaram. O governo é o culpado. Eles iniciaram essa guerra e não conse-

guem dar fim a ela. A guerra está assolando o país e por conta dela você está passando fome. Os capitalistas são os culpados, pois a travaram para obter lucro. Estamos bem perto de gritar a eles: chega! Abaixo o governo criminoso e toda sua gangue de ladrões e assassinos. Viva a Paz!

O Comitê não esperava a reação vital que receberam das mulheres operárias. Milhares delas deixaram suas fábricas. Os operários homens e aos poucos os camponeses vieram se colocar ao lado delas. Soldados, que vinham desses setores, se uniram. Eles decidiram que essa guerra não era deles. Sua verdadeira guerra era contra a aristocracia e seu Estado autoritário, que deveriam ser confrontados diretamente. Dois dias depois do Dia Internacional da Mulher, cinquenta mil trabalhadores em São Petersburgo estavam em greve. Foi a maior demonstração do poder dos trabalhadores russos até aquela data. O sistema tsarista entrou em colapso em 16 de março, apenas uma semana depois das manifestações do Dia Internacional das Mulheres.

A confiança de que os trabalhadores poderiam governar precisava ser construída. As coisas se moviam devagar. O primeiro governo a tomar o poder foi liderado por um aristocrata – Príncipe Georgy Yevgenyevich Lvov – e depois por um advogado liberal – Alexander Kerensky. Os trabalhadores não foram para casa. A energia da revolução era bastante feroz. Quando o governo provisório pareceu hesitar em garantir direitos iguais para as mulheres, a líder bolchevique Alexandra Kollontai escreveu no *Pravda*: "Não foram as mulheres as primeiras a saírem às ruas? Por que agora a liberdade conquistada pelo heroico proletariado de ambos os sexos, pelos soldados e suas esposas, ignora metade da população da Rússia libertada?". A Liga da Igualdade de Direitos das Mulheres – liderada por

Poliksena Shishkina-lavein – e outros partidos políticos realizaram uma enorme manifestação em 19 de março para exigir direitos iguais, que foram conquistados somente por meio de sua luta perseverante. Trabalhadores de todos os partidos políticos – animados por essa energia – formaram sovietes ou conselhos que desenvolveram uma "dualidade de poderes", uma situação na qual eles criaram suas próprias instituições que tinham legitimidade advinda da aclamação popular. Lenin entendeu que essa nova situação era uma criação dos trabalhadores. Era a inovação deles. Ele escreveu em abril de 1917:

> A característica mais notável da nossa revolução é que ela trouxe uma "dualidade de poderes". Esse fato deve ser compreendido antes de qualquer coisa, e sem essa compreensão não podemos avançar. Nós devemos saber como complementar e aprimorar fórmulas antigas como, por exemplo, as do bolchevismo; por enquanto elas se mostraram corretas em geral, mas sua concretização *acabou por ser* diferente. *Ninguém* pensou de antemão, ou poderia ter pensado, em uma "dualidade de poderes".

O que era a "dualidade de poderes"? Os trabalhadores não podiam simplesmente aceitar as regras do governo provisório, então encabeçado por Kerensky e pela burguesia. Paralelamente a esse governo, os trabalhadores, de modo a satisfazer suas ambições mais profundas, criaram seu próprio governo – o Soviete de Deputados Operários e Soldados de Petrogrado. Este foi um parlamento da classe operária e do campesinato, não um parlamento dos comerciantes, industriais e seus funcionários de governo. Lenin viu que essa nova forma – o soviete – teve um ancestral direto na Comuna de Paris de 1871. O que ele não sabia é que tal forma de governar possuía outros ancestrais, como os quilombos criados pelos escravos no Brasil. Esses são exemplos históricos em que trabalhadores criaram suas próprias formas de governo – em geral democráticas – contra a hierarquia dos donos das propriedades.

O que foi de grande importância é que os trabalhadores encontraram seu intelectual em Lenin, que ouviu atentamente o que estava acontecendo nas fábricas e nas ruas e aproximou os bolcheviques do espírito dos trabalhadores. Lenin, desde os anos 1890, esteve em contato direto com os agitadores bolcheviques – militantes de seu partido, como Cecilia Bobrovskaya, Concordia Nikolayevna, Gromova-Samoilova e Ivan Babushkin – que mostraram a ele as limitações do seu trabalho e também os tipos de terreno que deveriam ser explorados para enriquecer suas políticas. Foi essa interação que alimentou Lenin com o material necessário para a produção de uma teoria dos bolcheviques, que lhes deu munição para os rápidos eventos de fevereiro a outubro de 1917.

O estudo de Lenin sobre a penetração do capitalismo na agricultura russa (*O desenvolvimento do capitalismo na Rússia*, 1899) mostrou algo não totalmente compreendido pelos populistas agrários. Ele descobriu que 81% dos camponeses eram pobres, sem-terras, e cuja situação era similar à do proletariado industrial. A existência desse setor do campesinato – o grosso da população russa – indicava que eles seriam aliados políticos do proletariado industrial, da classe operária. Nisso se baseava a teoria da aliança operário-camponesa, que deveria formar a dimensão política central do partido bolchevique. Lenin continuaria a atualizar essas informações, como no longo panfleto de 1908 – *A questão agrária na Rússia rumo ao fim do século XIX* – que não foi publicado até 1918, devido à censura.

Os dois principais escritos políticos de Lenin – *Que fazer?* (1902) e *Um passo em frente, dois passos para trás (a crise em nosso partido)* (1904) – ensinaram duas lições aos bolcheviques:

primeiro, que era necessário criar um partido disciplinado, formado pelo proletariado industrial e rural, bem como por seus aliados de classe. Tal partido deveria treinar seus quadros para que estivessem no meio do povo, construindo sua confiança e preparando-se para a espontânea e inevitável explosão de agitação. Quando o povo protesta, a experiência de um partido e sua clareza política são necessárias para assegurar que o movimento não seja dominado pelo aparato do Estado – e por uma perda de confiança. Segundo, os partidos social-democratas estariam prontos para engolir a energia dos operários e camponeses em prol de seus fins conciliatórios. Era necessário mostrar como os sociais-democratas em geral falam a mesma língua que o povo, mas não são enraizados nos instintos e posições da classe. Eles iriam, portanto, trair os trabalhadores e camponeses arrogantemente. Um partido de operários e camponeses tinha que estar pronto para uma revolta espontânea. Quando as greves eclodiram nas fábricas de São Petersburgo em 1896, Lenin argumentou: "os revolucionários *ficaram para trás* nessas mobilizações, tanto em relação a suas teorias como em atitudes; eles falharam em estabelecer uma organização constante e contínua capaz de *liderar* todo o movimento". Tal atraso precisava ser retificado. O partido dos bolcheviques tinha de ser de "novo tipo", disciplinado, centralizado e armado com uma forte teoria do capitalismo, imperialismo e socialismo. "Dê-nos uma organização de revolucionários", Lenin escreveu de forma corajosa, "e nós tomamos a Rússia".

O texto-chave de Lenin veio em 1916, *Imperialismo: fase superior do capitalismo*. Foi ali que Lenin expôs o entrelaçamento do Estado tsarista no sistema imperialista mundial. Os tentáculos do capitalismo monopolista externos ao território tsarista haviam estrangulado o Estado. Se um governo dos trabalhadores chegasse ao poder, seria incapaz de promover uma agenda alternativa, a menos que confrontasse esses tentáculos do capitalismo monopolista, a manifestação do imperialismo. A derrubada do tsar era essencial, é claro, mas seria insuficiente. Um novo Estado, um Estado dos trabalhadores, teria que enfrentar o imperialismo, livrar-se desses tentáculos e usar seus próprios recursos substanciais para o bem-estar de seu próprio povo. A Revolução de Fevereiro derrocou o tsar, mas o governo vacilante de Kerensky começou a oferecer concessões ao imperialismo. Isso significava que o governo Kerensky estava sufocando a essência do processo revolucionário. A escolha que estava diante dos bolcheviques durante o longo e confuso verão de 1917 era ou testemunhar a destruição da revolução, ou agir para salvá-la da burguesia russa que não estava disposta a enfrentar o imperialismo. Em abril, Lenin escreveu que a questão não era a tomada do poder por uma minoria – pois isso seria apenas um golpe impopular. "Nós somos marxistas", ele escreveu, "nós defendemos a luta de classes dos proletários contra a intoxicação pequeno-burguesa, contra o chauvinismo-defensivo, as bravatas e a dependência da burguesia". O objetivo dos marxistas deveria ser aproveitar a experiência real dos trabalhadores e dirigir uma agenda que faria o operário e o camponês serem empoderados dentro da sociedade. Para isso, a Revolução de Fevereiro deveria ser salva do poder das minorias – da tomada do poder pela burguesia a serviço do imperialismo.

Em 7 de abril de 1917, o *Pravda*, jornal bolchevique, publicou as *Teses de abril*, de Lenin. Os dez pontos capturaram os sentimentos das massas que, por meio de greves, motins e manifestações, derrocaram o tsar. Foi a teoria apresentada nas *Teses de abril* que atraiu as massas para o Partido Bolchevique, que foi de apenas 10 mil membros em abril para meio milhão em outubro.

Quais foram essas teses? Aqui está meu resumo:
- a Grande Guerra era uma guerra imperialista;
- a revolução ainda estava em movimento e o poder deveria ser transferido da burguesia para operários e camponeses;
- o governo provisório, o governo dos capitalistas, não deveria ser apoiado;
- os bolcheviques, minoria nos sovietes, precisavam explicar paciente e sistematicamente que os outros partidos tinham cometido erros e que era o momento de transferir "todo poder do Estado" aos sovietes;
- a nova ordem não poderia ser fundamentada no parlamento, mas em uma "república de sovietes de operários, trabalhadores agrícolas e camponeses". A polícia, o exército e a burocracia deveriam ser abolidos;
- todas as propriedades deveriam ser confiscadas e todas as terras nacionalizadas;
- todos os bancos deveriam se fundir e tornar-se uma única unidade controlada pelos sovietes;
- toda a produção social e a distribuição de produtos deveria estar sob controle dos sovietes;
- o Partido deveria realizar um congresso e modificar seu programa;
- uma nova Internacional deveria ser constituída.

Era claro e preciso. O poder deveria ir das classes governantes para a nova classe que tinha que governar, os operários e os camponeses, a maioria da humanidade.

Em setembro de 1917, havia impaciência entre os trabalhadores para tomar o poder. No início daquele mês, como operários e camponeses foram a seus sovietes e aprovaram resolução atrás de resolução sobre seu próprio governo, Lenin escreveu, "a insurreição é uma arte". Era hora de uma revolta para salvar a Revolução de Fevereiro. Em *Os dez dias que abalaram o mundo*, John Reed descreve a força dos operários e camponeses.

> Palestras, debates, discursos – em teatros, circos, escolas, quartéis [...]. Reuniões nas trincheiras do *front*, nas praças das vilas, fábricas [...] que vista maravilhosa é a da Putilovsky Zavod (a fábrica de Putilov) com seus 40 mil operários saindo para ouvir os sociais-democratas, socialistas revolucionários, anarquistas, qualquer um, seja lá o que eles tivessem a dizer, desde que falassem!

Mas eles também pareciam querer algo específico – encontrar uma República Soviética. Foi essa demanda específica a que guiou a Revolução de Outubro.

O Congresso dos Representantes dos Soldados escreveu para o "2º Congresso dos Sovietes de Toda a Rússia": "o país precisa de uma autoridade firme e democrática enraizada nas massas populares e responsável com elas. Já estamos fartos de palavras, retóricas e truques parlamentares!". Eles reivindicavam uma segunda revolução. Em outubro de 1917, as mulheres trabalhadoras de Petrogrado que se uniram ao Partido Bolchevique realizaram uma conferência. Na sala, havia pessoas como Concordia "Natasha" Samoilova, Emilya Solnin, da fábrica Aivas, a fiandeira Vasina da fábrica Nitka e Vinogradova, da fábrica Bassily Island Pipe. Elas trabalharam duro – eram operárias em fábricas e militantes revolucionárias. Queriam derrubar o governo de Kerensky. Marcharam para ver Lenin no Smolny, onde ele vivia e trabalhava. "Tome o poder, camarada Lenin, isso é o que nós, mulheres trabalhadores, queremos", disseram a ele, que respondeu: "Não sou eu, mas vocês, os trabalhadores, que devem tomar o poder. Voltem às fábricas e digam isso aos trabalhadores". E assim elas fizeram.

Em outubro, a segunda Revolução Russa eclodiu – liderada pelos bolcheviques. Eles tomaram o poder para os sovietes, destituíram o parlamento burguês (Duma) e nomearam a si mesmos como governantes de sua própria sociedade. Lenin foi para o soviete de Petrogrado para celebrar a tomada do poder. "Qual era o significado dessa revolução?", perguntou Lenin a seus companheiros de trabalho.

> O significado é, em primeiro lugar, que teremos um governo dos sovietes, nosso próprio órgão de poder, no qual a burguesia não terá nenhuma participação. As próprias massas oprimidas criarão um poder. O antigo aparato estatal será quebrado em suas estruturas e um novo aparelho administrativo será criado sob a forma organizativa dos sovietes.

Aqui, Lenin discursou diante dos sovietes o que ele argumentou em sua obra *O Estado e a revolução*, escrita em agosto/setembro de 1917, mas publicada no ano seguinte. Ele tinha lido atentamente o relato de Marx sobre a Comuna de Paris de 1871, bem como os ensaios de Engels sobre o Estado em uma sociedade socialista. Engels tinha sugerido que o Estado deveria ser implodido (*sprengung*), e não poderia ser herdado em sua forma antiga pelo proletariado. Velhos costumes da arte de governar, incorporados nas instituições e práticas do velho Estado, funcionariam como uma doença que levaria o proletariado a adquirir hábitos de um governo burguês. O Estado tinha que ser "esmagado", "implodido" e de alguma maneira transformado em instituições que estivessem de acordo com os objetivos de classe do proletariado e dos camponeses. Instituições estatais eram necessárias durante o período provisório, mas não adotadas sem transformação. "O proletariado não pode simplesmente ganhar o poder do Estado no sentido de passar o velho aparato estatal para novas mãos", escreveu Lenin em *O*

Estado e a revolução. A revolução "deve esmagar esse aparato, quebrá-lo e substituí-lo por um novo".

"Nós vencemos", cantou Maiakovski em seu poema após a morte de Lenin, "mas nosso navio está todo amassado e cheio de buracos, o casco estilhaçado, motores perto do fim, a reforma dos pisos, dos tetos e das paredes está atrasada. Venha, martelo e rebite, conserte e conserte!".

"Nós destruímos nossos inimigos com armas, conseguimos nosso pão com trabalho – camaradas, arregacem as mangas e ao trabalho" (1920). Pôster feito por Nikolai Kogout (1891-1959).

SIGA OS PASSOS DOS RUSSOS!

As notícias viajavam devagar para as colônias europeias em 1917-1918. A Índia somente obtinha notícias do mundo através da Inglaterra. Seus serviços de notícias – como a Reuters – vinham com a visão de mundo da Casa da Índia, em Londres. O que os imperialistas britânicos queriam que fosse publicado era permitido na imprensa. A pequena imprensa nacionalista – com algumas centenas de leitores – tentou articular um ponto de vista alternativo, mas sofria com a falta de acesso a informações sobre eventos mundiais. Aos poucos, chegou a notícia de que o povo russo – majoritariamente camponeses – havia derrubado a autocracia mais poderosa do mundo, o império tsarista. Houve descrença de que homens e mulheres com terra sob suas unhas e corpos golpeados por máquinas teriam sido capazes de se unir e tomar o poder. Como isso havia sido possível?

Premonições sobre 1917 existiam desde 1905, quando os russos tentaram sua primeira grande revolta em massa contra o tsar. M. K. Gandhi, na África do Sul, observou a revolta de

1905 com grande admiração. O povo da Rússia, escreveu ele em *Young India*, é tão patriótico quanto o indiano, mas ao contrário deste – ele sentia –, aquele estava disposto a sacrificar a vida pela dignidade. "O trabalhador russo e todos os outros empregados declararam uma greve geral e paralisaram todo o trabalho", escreveu Gandhi. Conforme os trabalhadores e empregados foram deixando de lado suas ferramentas, o tsar se viu obrigado a fazer algumas concessões, porque "não é por meio do poder do tsar que a Rússia forçará os grevistas a retornar sob a mirada da baioneta [...]. Pois até os poderosos não podem governar sem a cooperação dos governados". A lição de não cooperação veio da Rússia. Não foi a política da elite ou mesmo de áreas urbanas. Foi a política – até onde Gandhi podia decifrar – das massas, incluindo o campesinato.

O ano de 1905 terminou em fracasso, embora o tsar tenha feito algumas concessões – incluindo a Duma. Na Índia, o movimento contemporâneo Swadeshi – que Gandhi descobriu ser "muito parecido com o movimento russo" – foi quase totalmente sufocado. Mas até mesmo o movimento Swadeshi, com seu epicentro em Bengala, não pôde ser interrompido pela violência britânica, pois acabou se transformando em lutas mais profundas e amplas contra o domínio britânico que deram seguimento a algumas das suas estratégias (boicote de mercadorias britânicas, piquetes em lojas que transportavam produtos britânicos e confronto direto com a autoridade britânica). Em 1908, os trabalhadores de Bombaim sairiam em greve contra as insuportáveis condições de trabalho e de vida. Lenin, fugindo das autoridades tsaristas na Finlândia, e depois na Suíça, observou essas greves e escreveu em agosto de 1908,

> Na Índia, os escravos nativos dos 'civilizados' capitalistas britânicos têm causado a seus senhores muita inquietação e

desconforto. Não há fim para a violência e a pilhagem que é a administração britânica da Índia. Em nenhum lugar do mundo há tanta pobreza entre as massas e tanta fome crônica entre a população. Os estadistas mais liberais e radicais da Grã-Bretanha livre estão, como governantes da Índia, se transformando em verdadeiros Genghis Khans, capazes de sancionar todas as medidas de 'pacificação' da população sob seu comando, até mesmo *se utilizando* da punição violenta de dissidentes políticos. Não há a menor dúvida de que a longa pilhagem da Índia pelos ingleses e que a presente luta desses 'avançados' europeus contra a democracia persa e indiana endurecerá milhões e dezenas de milhões de proletários da Ásia, e os endurecerá para o mesmo tipo de luta vitoriosa contra os opressores. Os trabalhadores conscientes da Europa agora têm camaradas asiáticos cujos números vão crescer dia a dia e hora a hora.

A Europa tinha, como Lenin escreveu em 1913, agido na Ásia da forma mais "antiquada": aliando-se com "forças reacionárias e medievais" para guiar seus objetivos de pilhagem e lucro. Atraso aqui significa que foram feitas alianças com as forças do passado – os latifundiários e os monarcas – e não com as forças do futuro – o movimento democrático das massas. É essa burguesia europeia que retrocedeu, escreveu Lenin, porque está empenhada em "defender a escravidão capitalista agonizante". Em contrapartida, da Índia à Rússia e da China à Pérsia, a Ásia está avançada. "Em toda parte na Ásia", Lenin escreveu,

> um poderoso movimento democrático está crescendo, se espalhando e ganhando força. A burguesia *ainda* está do lado do povo contra a reação. *Centenas* de milhões de pessoas estão despertando para a vida, luz e liberdade. O que encanta esse movimento mundial e está despertando os corações de todos os trabalhadores com consciência de classe é que sabem que o caminho do coletivismo está na democracia! Que simpatia todos os democratas honestos estão sentindo pela jovem Ásia!

Lenin estava certo em dizer que os trabalhadores com "consciência de classe" no Ocidente apoiaram as lutas da Irlanda à Índia. Durante o locaute de 1913, em Dublin, sindicalistas militantes na Inglaterra deram seu apoio, como parte de sua própria onda de lutas de 1911 a 1914. Vinte mil trabalhadores foram escutar James Larkin em Manchester, enquanto trabalhadores ingleses angariavam dinheiro para seus camaradas irlandeses do outro lado do mar. Mas isso não impediu a burocracia dos trabalhadores ingleses – no Congresso Sindical – de se recusar a apoiar a greve. "Pedimos", escreveu James Connolly, "o isolamento dos capitalistas de Dublin como resposta os líderes do movimento trabalhista britânico com calma isolarão a classe trabalhadora de Dublin". Isso é o que Lenin quis dizer quando escreveu especificamente sobre os "trabalhadores com consciência de classe", em oposição aos burocratas trabalhistas. Sufocada pelo imperialismo, a Europa não era destinada a ser o centro da revolução mundial. O "elo mais fraco" precisava ser encontrado, e Lenin e os bolcheviques o viam na Rússia tsarista. Mas havia fraqueza também nas colônias, onde havia esperança de ação revolucionária para golpear o imperialismo. Esses eram os "camaradas asiáticos" necessários para os "trabalhadores europeus com consciência de classe".

O ano de 1917 seria bem-sucedido. Os exércitos camponeses do império tsarista – incluindo os trabalhadores e os soldados, ambos a um passo do interior do país – não podiam ser paralisados. Se os *mujiques* podiam fazer isso, por que não os *fellahin*, por que não os camponeses, por que não os *kisans*, por que não o *nongmin*?

No México, o líder revolucionário Emiliano Zapata reconheceu imediatamente que essa revolução na Rússia – uma revolução de camponeses e operários – estava relacionada com a Revolução Mexicana de 1911, em grande parte uma revolução camponesa liderada por camponeses como ele próprio. "Ganharíamos muito", escreveu ele em 1918,

> a justiça humana ganharia muito se todas as pessoas da nossa América e todas as nações da velha Europa entendessem que a causa da Revolução Mexicana, como a causa da Rússia não redimida, é e representa a causa da humanidade, o supremo interesse dos oprimidos.

Um dos chefes militares da Revolução Mexicana, em 1919, fez essa conexão de forma clara, "eu não sei o que é o socialismo, mas eu sou um bolchevique, como todos os mexicanos patrióticos. Os ianques não gostam dos bolcheviques e eles são nossos inimigos, portanto, os bolcheviques devem ser nossos amigos e devemos ser amigos deles. Somos todos bolcheviques". Sun Yat-sen, na China, teria concordado. "Se o povo da China deseja ser livre", disse ele em 25 de julho de 1919, "seu único aliado e irmão na luta pela liberdade nacional são os operários e camponeses russos do Exército Vermelho". O escritor liberal chinês Hu Shih escreveu com horror: "Agora que os escravos de Confúcio e Chu Hsi estão diminuindo, os escravos de Marx e Kropotkin estão tomando seu lugar". Anarquistas e revolucionários chineses de todos os tipos começaram a ler Marx e Lenin e – após a formação do Partido Comunista Chinês em 1921 – começaram a flutuar em sua órbita.

Em dezembro de 1917, o jornalista indiano K. P. Khadilkar escreveu no *Chitramaya-Jagat* sobre os eventos na Rússia: "Em novembro, em Petrogrado, o poder passou para as mãos dos socialistas que estavam sendo liderados por Lenin e que queriam um tratado de paz por separado com a Alemanha". Khadilkar observou como o partido de Lenin tinha assegurado o apoio dos soldados e como Kerensky e seu gabinete haviam sido isolados.

Mas então, Khadilkar – um sujeito do império britânico – focou no ponto mais importante dessa vantagem: "Lenin emitiu um decreto declarando os direitos das nações à autodeterminação, e a liberdade foi dada aos Estados bálticos e ao povo polonês para que exercessem esse direito". Nas colônias, a declaração do direito à autodeterminação foi poderosa. Definiu a revolução.

Subramania Bharati, o revolucionário poeta tâmil, cantou uma ode à "nova Rússia":

> A vida das pessoas como elas mesmas desejam.
> Uma lei para elevar a vida do homem comum.
> Agora, não há laços de escravidão
> Nenhum escravo existe agora.

Alguns soldados senegaleses, lutando sob a bandeira do império francês, fugiram para o Exército Vermelho soviético quando ouviram falar de sua chegada à história do mundo. Boris Kornilov, o poeta soviético, mais tarde cantaria em seu *Moia Afrika* sobre um soldado senegalês que morreu liderando os Vermelhos contra os Brancos, perto de Voronezh "a fim de dar um golpe nos capitalistas africanos e na burguesia". Quando as notícias da Revolução de Outubro chegaram ao continente africano, Ivon Jones, do Partido Trabalhista Sul-Africano e da Liga Internacional Socialista, escreveu no *The International*: "Devemos educar as pessoas segundo os princípios da Revolução Russa". Jones seria, depois, um dos fundadores do Partido Comunista da África do Sul. Claude McKay, o poeta jamaicano que participou do IV Congresso do Comintern, em 1922, escreveu o ensaio "A Rússia soviética e o negro", na edição de dezembro de 1923, da *The crisis*. Ali, McKay escreveu sobre o que a Rússia soviética significou para a libertação dos povos de descendência africana:

> Embora a Europa Ocidental possa ser considerada bastante ignorante e apática em relação à questão do negro nos assuntos internacionais, há uma grande nação, com um braço na Europa, que está pensando de forma inteligente sobre o negro, assim como o faz em relação a todos os problemas internacionais. Quando os trabalhadores russos derrubaram seu governo infame em 1917, um dos primeiros atos do novo premier, Lenin, foi fazer uma proclamação saudando todos os povos oprimidos do mundo, exortando-os a se organizar e a se unir contra o opressor internacional comum – o capitalismo privado. Mais tarde, em Moscou, o próprio Lenin enfrentou a questão dos negros estadunidenses e falou sobre o assunto antes do Segundo Congresso da Terceira Internacional. Ele consultou John Reed, o jornalista estadunidense, e falou sobre a necessidade urgente de se fazer propaganda e trabalho organizacional entre os negros do Sul. O assunto se manteve à tona. Quando o veterano revolucionário japonês Sen Katayama foi dos Estados Unidos para a Rússia, em 1921, ele colocou o problema do negro estadunidense em primeiro lugar em sua agenda. Desde então, ele tem trabalhado incessante e desinteressadamente para promover a causa do negro estadunidense explorado nos conselhos soviéticos da Rússia.

McKay deu continuidade à agenda de Lenin no IV Congresso do Comintern, quando ele argumentou a favor da necessidade de se organizar operários e camponeses negros, bem como da importância da luta contra o racismo. Em seu brilhante poema, *"If we must die"* [Se devemos morrer], McKay escreveu sobre estar cercado por "cães loucos e famintos" que procuram brutalizar os seres humanos. Mas essa situação de ser "pressionado contra a parede, morrendo" não é a conclusão da história. O final é simples – "Lutar!". McKay se inspirou na Revolução de Outubro, na maneira direta com a qual Lenin apresentou a demanda para todos os povos oprimidos de serem livres e a partir do espírito de luta de pessoas de ascendência africana no Ocidente para definir seu otimismo.

Claude McKay no Quarto Congresso do Comintern (1922).

Sem a Revolução de Outubro, os povos colonizados pelos europeus teriam se levantado da maneira como fizeram? O ano de 1919 teria sido repleto de revoltas dos colonizados contra seus senhores do império – da rebelião no Egito liderada por Saad Zaghloul Pasha ao Movimento 1º de Março, na Coreia, passando pelo Movimento 4 de Maio, na China? Teria ocorrido depois, no ano seguinte, a revolta no Iraque contra o domínio britânico, e, em seguida, em 1921, a revolução mongol que criou três anos depois o segundo Estado socialista no mundo? Eles adquiriram confiança para realizar tais mudanças a partir da Revolução de Outubro? Se não fosse pelas reivindicações da classe na URSS, o Congresso Nacional Indiano nunca teria acatado, em 1919, as demandas do campesinato. É certamente verdadeiro que a entrada direta de Gandhi na política indiana com o Champaran Satyagraha (1917) e Kheda Satyagraha (1919), bem como a profunda resistência contra os Atos de Rowlatt e o massacre de Jallianwallah

Bagh, em 1919, fortaleceu o Congresso Nacional Indiano quando este se reuniu em Amritsar, em dezembro de 1919. Entretanto, na reunião do Congresso, os representantes hesitaram porque o rei inglês emitiu uma proclamação que pareceu solidária. Os radicais no Congresso – incluindo o jovem Jawaharlal Nehru – pressionaram para que os camponeses obtivessem o título da terra na qual trabalhavam e que estes deveriam pagar um imposto, mas não um aluguel. "Embora sob a influência de Gandhi, seguimos outro caminho", escreveu Nehru reflexivamente em *Rússia Soviética* (1927), "fomos influenciados pelo exemplo de Lenin".

Ghulam Rabbani Taban, um comunista e membro da Associação de Escritores Progressistas da Índia, lembrou-se de ter lido as cartas de Nehru no *Rússia Soviética* (1927), e as cartas de Rabindranath Tagore da Rússia enquanto ele estava na faculdade. Esses textos, disse ele, "me fizeram vislumbrar um mundo de contos de fadas". "Durante os anos finais da década de 1920", ele escreveu,

> enquanto ainda estava na escola, às vezes ouvíamos algumas histórias fragmentadas sobre a Rússia que transpassavam os censores coloniais. A notícia da Revolução Russa e suas conquistas nos emocionaram. Eu não tive a percepção de uma revolução, mas o termo havia sido familiarizado pelos fortes gritos do *Long Live Revolution*, ecoando por toda parte do país.

Taban ouviu os poemas de Mohammed Iqbal sobre Lenin, particularmente seu poderoso *Farman-i-Khuda* (Comando de Deus), que começa, "*uttho meri dunya ke gharibon ko jaga do*" – Levantem, despertem os pobres do meu mundo. E depois:

> Jis khet se dehqaan ko muyassir nahein rozi,
> Uss khet ke har khosha-i-gandam ko jalla do!
> [Encontre a terra de onde os camponeses não conseguem seu pão de todo dia,
> E queime cada grão de trigo dessa terra!]

Aqui está a cadência da revolução, a raiva do mundo como ela é, a esperança de que o fogo da revolta *esmagará* o Estado e produzirá uma nova ordem. Essa é a voz do pequeno agricultor, dos sem-terra, dos pobres do interior que estão ansiosos para sacudir o mundo. E então o poema de Iqbal termina: *"Adaab--i-junoon Shairi-i-Mashriq ko sikha do"* (Ensine ao poeta do Oriente o espírito da inspiração!] – que novas linguagens o artista pode aprender com a revolta dos pobres!

O jovem Mao, na China, olhava ansiosamente para a experiência russa. Ele se juntaria ao movimento após a revolta de 1911 que derrubou o imperador e seu governo. Mais tarde, após a longa guerra que levou os comunistas ao poder, em 1949, Mao refletiria sobre a inspiração russa:

> Muitas coisas na China eram iguais, ou semelhantes, às da Rússia antes da Revolução de Outubro. Houve a mesma opressão feudal. Houve um atraso econômico e cultural similar. Ambos os países eram atrasados, a China ainda mais. Nos dois países, pelo bem da regeneração nacional, progressistas enfrentaram duras e amargas lutas em sua busca pela verdade revolucionária [...]. A Revolução de Outubro ajudou os progressistas na China, assim como em todo o mundo, a adotar a perspectiva mundial proletária como instrumento para estudar o destino de uma nação e considerar de uma nova forma seus próprios problemas. Siga o caminho dos russos – essa foi a conclusão deles.

A capa de *Urbe*, de Manuel Maples Arce, desenhada por Jean Charlot (1922).

OS PULMÕES DA RÚSSIA

O mexicano Manuel Maples Arce e seus companheiros "estridentistas" ignoraram seus colegas escritores que queriam imitar o modernismo europeu ou suas tradições clássicas. Eles procuraram em outro lugar, lá no fundo do coração da tradição revolucionária mexicana, que foi aberta em 1911, e também fora, na direção da União Soviética. Em 1924, Maples Arce escreveu um poema sublime e complexo: "Urbe: superpoema bolchevique em cinco cantos". Aqui a linguagem gaguejava contra as formas antigas, procurando novos termos, novas expressões, novas maneiras de expressar o novo mundo que eles queriam produzir:

> Os pulmões da Rússia
> Assopram em nossa direção
> O vento da revolução social.

O poema, dedicado aos "trabalhadores do México", ecoava o estilo impaciente de Vladimir Maiakovski, que também sentia que a velha linguagem, impregnada de cultura feudal, não era adequada para a era revolucionária. O russo antigo estava cheio de insinuações feudais, assim como as hierarquias do sistema produziram corpos que estavam cheios de subserviência, ombros encurvados, cabeça baixa. Mas a nova Rússia tinha uma nova atitude. Krupskaya recontou a "linguagem modificada" que ela ouviu de mulheres operárias e camponesas em uma reunião. As oradoras, ela contou, "falavam de forma corajosa e franca sobre tudo". Como falar agora corajosamente como poetas, artistas, atores e desenhistas? Pessoas como Maiakovski – Lenin os chamava afetuosamente de "comunistas ardorosos" – produziram novidades, trabalhos inventivos que tentaram encontrar a si mesmos na atmosfera de democracia radical.

Foi isso o que conquistou pessoas como Maples Arce, na Cidade do México, e um notável grupo na China – Ding Ling, Lu Xun, Hu Yepin e Shen Congwen. Durante a Guerra Russo-Japonesa em 1904-1905, Lu Xun viu uma foto de prisioneiros chineses sendo levados pelas tropas japonesas. "Fisicamente, eles eram tão saudáveis e fortes como deveriam ser", escreveu Xun sobre os chineses, "mas suas expressões revelavam de forma muito clara que espiritualmente eles estavam calejados e entorpecidos". Foi para acabar com esse entorpecimento que ele começou a escrever.

Também para interromper essa dormência foi que Nazrul Islam, o poeta comunista de Bengala, escreveu sua canção triunfante *Bidrohi* (Rebelde), em dezembro de 1921. Nazrul Islam, com Muzaffar Ahmad, Abdul Halim e outros, foram – como colocou Halim – para um "caminho desconhecido", frustrado com o passado e ansioso para criar o futuro. Esses primeiros comunistas, como a historiadora Suchetana Chattopadhyay

os chamou, estavam cercados de revistas literárias com nomes que evocavam o desejo por uma nova abertura – *Bijali* (Raio) e *Dhumketu* (Cometa). A polícia leu *Dhumketu* e a descreveu precisamente: "o turbilhão de energia do estilo inflamatório da linguagem teve um grande efeito inquietante em mentes prematuras e desequilibradas, com quem o trabalho foi imensamente popular". A revista foi editada pelos comunistas, mas com Nazrul Islam na liderança. Seu poema – *Bidrohi* – carrega a urgência de Maiakovski e Maples Arce e dos poetas de energia revolucionária,
    Em uma mão minha é a flauta tenra

    Enquanto na outra eu seguro a corneta de guerra!
    Eu sou o beduíno, eu sou o Chengis
    Eu saúdo ninguém além de mim!
    [...]
    Enlouquecido com uma alegria intensa eu avanço rapidamente,
    Eu estou louco! Eu estou louco!
    De repente eu acabei por me conhecer,
    Todas as falsas barreiras desmoronaram hoje!
    [...]
    Eu sou o rebelde eterno
    Eu levanto minha cabeça para além deste mundo
    Alta, sempre ereta e sozinha!

Esse desejo de escrever contra o entorpecimento era o que atraia escritores da China ao Chile, ansiosos para encontrar uma nova linguagem para acompanhar o tipo de futurismo da esquerda dos soviéticos. É o som que se ouve de Nazrul Islam, certamente, mas também das imagens explosivas do poeta chileno Pablo Neruda, a "edição nervosa" no cinema do cineasta cubano Santiago Álvarez ou, mais tarde, as memórias de sonho do escritor comunista iraquiano Haifa Zangana.

Maples Arce escreveu em um momento particularmente emocionante na história do México. De 1920 a 1924, poderosas lutas de camponeses e operários obrigaram o governo mexicano a aprofundar o compromisso revolucionário. Quando o governo de Álvaro Obregón (1920-1924) vacilou entre uma agenda revolucionária e reformista, a classe operária organizada e camponeses lutaram contra eles para realizar a reforma agrária e políticas culturais e educacionais que favorecessem as massas. Com 90% de analfabetos no México, artes visuais e teatrais eram necessárias para transmitir os valores da revolução. Foi durante o início dos anos 1920 que artistas começaram a pintar espaços públicos mexicanos e atores começaram a levar seu teatro para a estrada, quando educadores foram para as áreas rurais para ensinar e quando a reforma agrária forneceu a base material para a dignidade no campo. Tudo isso foi feito para promover os valores da Revolução Mexicana de 1911, apesar da hesitação da liderança que emergiu. Nesse momento surgiram os murais de Diego Rivera, David Alfaro Siqueiros e José Clemente Orozco, as pinturas de Frida Kahlo e a fotografia de Tina Modotti e Manuel Álvarez Bravo.

Muitos desses artistas eram membros do Partido Comunista Mexicano e do Sindicato de Trabalhadores Técnicos, Pintores e Escultores, cujo manifesto dizia que a arte mexicana é ótima porque "surge do povo, é coletiva". Ela quebraria hierarquias, endireitaria colunas, soltaria línguas. Maples Arce sentiu a importância deste período,

> A multidão sonora
> hoje transborda as praças comunais
> e os gritos triunfais
> do obregonismo
> reverberam o sol das fachadas.

Frida Kahlo, *O marxismo dará saúde aos doentes* (1954).

A multidão nas praças era principalmente camponesa. Eram esses os camponeses que seriam o tema de tanta arte revolucionária mexicana – e também da política do Estado mexicano nesses primeiros anos.

Vinte anos depois, em maio de 1942, Mao deu uma série de palestras ao Fórum Yenan sobre Literatura e Arte. Mao tinha lido atentamente a exortação de Lenin, de 1905, de que a nova literatura revolucionária poderia servir aos "milhões e dezenas de milhões de pessoas trabalhadoras – a flor do país, sua força e seu futuro". Mao simpatizava com a ideia de que, como a Rússia e o México, a China era um país com alto analfabetismo. Assim, estava claro para ele que o movimento revolucionário tinha dois exércitos – o exército de armas, que tinha lutado para proteger a base de Yenan, e o exército de canetas, que precisaria fornecer outro tipo de armadura para a classe operária e para o campesinato. Escritores e artistas devem ir até o povo, disse Mao, para que possam entendê-lo em vez de imaginarem uma população de fantasia que só existiria dentro da imaginação deles.

> Os artistas e escritores revolucionários da China, artistas e escritores promissores, devem estar entre as massas; eles devem por um longo período de tempo, incondicional e sinceramente, estar entre as massas de operários, camponeses e soldados, devem ir para o calor da luta, ir para a fonte, a fonte mais ampla e rica, a fim de observar, experimentar, estudar e analisar todos os diferentes tipos de pessoas, todas as classes, todas as massas, todos os padrões vívidos de vida e luta, todas as matérias-primas da literatura e da arte.

Era entre o povo que os artistas e escritores aprenderiam não apenas sobre as contradições sociais existentes no coração das massas, mas também aprenderiam sobre o imaginário das massas e assim produziriam arte para esse imaginário.

A tarefa dos intelectuais revolucionários é "coletar as opiniões desses estadistas das massas" – ou seja, o povo –, "peneirá-las, refiná-las e devolvê-las às massas, que então as aceitam e as colocam em prática". É isso que o comunista italiano Antonio Gramsci, escrevendo em sua cela de prisão neste mesmo momento, chamava de *elaboração* – tomar as visões das massas e elaborá-las do senso comum para a filosofia. Por meio de jornais murais, panfletos, teatro e músicas feitas por grupos revolucionários, os intelectuais transfeririam essa filosofia popular de volta às massas. "Escritores e artistas concentram esse fenômeno cotidiano", disse Mao, "tipificar as contradições e lutas e produzir obras que despertam as massas, que as enchem de entusiasmo e as impulsionam a se unir e a lutar para transformar seu ambiente". Mao talvez tivesse em mente a poesia de Tian Jian, cujo poema *Se não tivéssemos lutado* (1938) já era um grande favorito em Yenan,

> Se não tivéssemos lutado
> o inimigo com sua baioneta
> teria nos matado
> e apontando para nossos ossos, diria:
> 'olha,
> esses eram escravos'.

Tian Jian e seus companheiros foram pioneiros dos festivais de "poesia de rua", nos quais os poetas se reuniam nas ruas para animar o espaço público com sua poesia. Quando o moral entre as pessoas estava baixo, Tian Jian, He Qifang, Guo Xiaochuan, Ke Lan, Li Ji e Ai Qing acreditavam que era papel dos artistas levantar o espírito das massas. Havia idiomas das aldeias em seus poemas, ritmos familiares às pessoas, mas agora apresentados com rimas sofisticadas e com um propósito político claro. "Um rebanho de cabras segue a cabra líder", cantou Li Ji. "Ao norte de Shaanxi, os comunistas se espalham".

No cadinho das revoluções – seja a Rússia depois de 1917, a China na década de 1940 ou Cuba após 1959 –, a literatura passou por uma grande transformação, com artistas revolucionários puxando as cordas da realidade, encontrando novas maneiras de dizer coisas novas. Artistas e escritores tentaram acender as chamas da mudança revolucionária e sua forma de entender o mundo. Seu público não era formado pelos velhos aristocratas ou pela burguesia, mas por operários e camponeses que queriam uma trilha sonora para sua revolução, uma história e um romance de suas ações nas ruas.

Camponeses russos se manifestam no Quarteirão Vermelho, Moscou (1917).

CAMPONESES SOVIÉTICOS

Lenin entendia as limitações da ortodoxia dos marxistas europeus. Estes presumiam – a partir de uma leitura rígida de Marx – que o agente da história era o proletariado, visto estritamente como o trabalhador industrial sindicalizado. Focar na construção de sindicatos era visto, por alguns socialistas, como suficiente. Lenin chamava isso de economismo. Ele tinha uma visão mais ampla. Toda a classe operária e o proletariado agrícola precisavam ser atraídos para a luta por meio de uma série de caminhos, não somente dos sindicatos. Estes são essenciais, mas também podiam estreitar a perspectiva dos trabalhadores, levando-os a batalhas unicamente para aumentar seus salários e melhorar suas condições de trabalho. Era necessário ampliar a consciência dos operários e do proletariado agrário para que vissem a luta como uma só para a totalidade da humanidade. Os trabalhadores – Lenin escreveu – não deviam procurar melhores condições dentro dos limites restritos do capitalismo, mas buscar construir um mundo melhor dentro do horizonte mais amplo do comunismo.

Marx indicou diversas vezes, em seus escritos e discursos, que sua opinião sobre a mudança política não estava enraizada somente nos sindicatos e nas lutas sindicais. Em 1865, Marx fez um discurso no qual expôs os principais temas de sua economia política. Nesse discurso, ele falou diretamente para os sindicatos – o baluarte central da luta de classes. Os sindicatos, disse ele,

> não devem se esquecer de que estão lutando contra os efeitos [e] não com as causas desses efeitos [...] Por conseguinte, não devem ser exclusivamente absorvidos nessas inevitáveis lutas de guerrilha que surgem frequentemente a partir de usurpações do capital, que nunca cessam.

O que os sindicatos deveriam fazer, dizia Marx, é lutar no terreno da política, abolir o sistema salarial e fundar uma nova ordem. Mas para chegar a esse ponto, as greves e as lutas operaram como escolas para a classe trabalhadora, um lugar para desenvolver confiança e aprender sobre a estrutura que dominava operários e camponeses.

A mudança política não deveria se limitar a reformas, mas deveria ser expandida para um horizonte revolucionário – para a *política*. A imensa maioria, escrevia Marx frequentemente, tinha que se levantar para derrubar os grilhões da atual ordem mundial. O proletariado – aqueles que vendiam sua força de trabalho – teria um papel crucial na revolução socialista. Uma democracia política estreita era possível sob o capitalismo, onde as eleições poderiam ser restringidas a fim de beneficiar as elites. Mas uma democracia mais ampla – incluindo democracia social e econômica – não era possível. Tal democracia ampla ameaçaria o controle limitado e egoísta da propriedade por uma pequena minoria, que contratava mão de obra para fortalecer sua propriedade privada em vez de melhorar democraticamente as condições de subsistência e satisfazer as ambições dos trabalhadores. Essas barreiras tornaram as lutas do proletariado centrais para a revolução socialista. A burguesia – os donos do capital – não estava disposta a ampliar a democracia. Eles a preferiam acorrentada.

Para Lenin, o papel do campesinato era crucial. Seu primeiro grande estudo – *O desenvolvimento do capitalismo na Rússia* (1899) – se debruçava sobre a questão do campesinato. A Rússia era, como se dizia naqueles tempos, uma sociedade camponesa. Ignorar o papel do pequeno agricultor e a proletarização do campesinato significaria perder o potencial revolucionário que repousava no campo. Em 1905, em uma importante intervenção no *Novaya Zhizn*, Lenin assinalou que os camponeses queriam "terra e liberdade". Essa demanda deve ser atendida por completo, dizia ele, mas também deve ser estendida para uma demanda pelo socialismo. Nem todos camponeses estão ao lado dos trabalhadores que travam uma luta direta contra as regras do capital. É dever do partido, ele dizia, atrair os pequenos agricultores para uma ativa aliança com os operários, rumo ao socialismo.

Não era difícil ver o sofrimento no interior do país. O amigo de Lenin, Maksim Górki, apontou que os camponeses chamavam seu trabalho de *strada*, que por sua vez vinha da palavra russa *stradat*, que significa "sofrer". Mas organizar o sofrimento não era suficiente. O levantamento camponês em 1905 mostrou a capacidade desse setor. Górki escreveu: "Quem acha que os camponeses são incapazes de ter um papel ativo na vida social e política do país não conhece os camponeses".

Em 1920, Lenin olhou para o Oriente e disse: "os soviets são possíveis ali. Eles não serão soviets de operários, mas de camponeses ou soviets de trabalhadores precários". Em 17 de fevereiro daquele ano, a Associação Revolucionária Indiana – formada por emigrantes da URSS, como Raja Mahendra Pratap

Singh, Abdul Hafiz Mohammed Barakatullah e Maulana Ubaidullah Sindhi – enviou uma nota a Lenin. "Os revolucionários indianos expressam sua profunda gratidão e sua admiração pela grande luta levada a cabo pela Rússia Soviética pela libertação de todas as classes e povos oprimidos, e especialmente, para a libertação da Índia". Lenin escreveu uma resposta a essa resolução, que foi transmitida no dia 10 de maio:

> Fico feliz em saber que os princípios da autodeterminação e da libertação das nações oprimidas pela exploração estrangeira e pelos capitalistas nativos, proclamados pela república dos operários e dos camponeses, tenha encontrado uma resposta tão rápida entre os indianos progressistas, que estão travando uma luta heroica pela liberdade. A massa de trabalhadores russos está seguindo com incansável atenção o despertar do trabalhadores indianos e camponeses. A organização e disciplina do povo trabalhador, sua perseverança e solidariedade com os trabalhadores do mundo são um grande sucesso. Nós saudamos a estreita aliança de muçulmanos e não muçulmanos. Nós, sinceramente, queremos ver essa aliança estendida a todos os trabalhadores do Oriente. Somente quando os trabalhadores indianos, chineses, coreanos, japoneses, persas e turcos darem as mãos e marcharem juntos pela causa comum da libertação – só então a vitória decisiva sobre os exploradores estará assegurada. Viva a Ásia livre!

A questão da união entre operários e camponeses ficou em primeiro plano nessa mensagem e na orientação que veio da URSS para os movimentos anticoloniais. Não poderia haver movimentação nas "sociedades camponesas" se ignorassem a vasta massa de sua população, o campesinato. Aqueles que vieram de outras "sociedades camponesas", da Índia ou China, México ou Egito, viram na Revolução Russa e em sua primeira década de enorme desenvolvimento humano o espelho para suas próprias aspirações.

O indiano Jawaharlal Nehru, líder do Partido do Congresso, chegou à URSS para celebrar o seu décimo aniversário. Ele ficou maravilhado com a capacidade dessa "sociedade camponesa" de se mover rapidamente da miséria à camaradagem, da fome à abundância. Nehru se interessou pela Rússia porque tanto a Índia quanto a URSS eram países camponeses com a pobreza e o analfabetismo como barreiras para a liberdade do povo. O que ele viu em 1927 o surpreendeu; havia menos pobreza no país do que ele imaginava e a liderança havia chegado e vinha dos operários e camponeses. Mikhail Kalinin, a quem Nehru conheceu, veio de uma família camponesa e era então o chefe de Estado da URSS. Joseph Stalin, o chefe do governo, veio de uma família de sapateiros e empregadas domésticas. Pessoas comuns que agora administravam um país extraordinariamente grande. Sobre sua visita, Nehru escreveu:

> a Rússia, portanto, nos interessa, porque pode nos ajudar a encontrar alguma solução para os sérios problemas que o mundo enfrenta hoje. Nos interessa especialmente porque as condições lá não foram, e nem são agora, muito diferentes das condições na Índia. Ambos são vastos países agrícolas com uma industrialização apenas inicial e ambos têm que enfrentar a pobreza e o analfabetismo. E se a Rússia encontrar uma solução satisfatória para esses problemas, o nosso trabalho na Índia será mais fácil.

E, de fato, Nehru descobriu que a URSS tinha realizado grandes feitos contra a fome e a pobreza e também para aumentar o poder e a dignidade do campesinato. De uma grande pobreza e privação, a URSS desistiu da Grande Guerra, lutou contra a invasão das forças capitalistas e lutou para construir uma capacidade industrial e agrícola para o país. Numa década, a URSS foi capaz de ir de um atraso extremo para uma situação de estabilidade socioeconômica. Nehru olhou cuidadosamente para as estatísticas sobre acesso a cuidados médicos, expectativa de vida, mortalidade infantil e crescimento industrial. Estes mostraram melhora, mas não foram conclusivos. O que lhe interessava, como observador atento, eram os sinais de uma vida social muito mais rica para os camponeses.

> Eles têm seus jornais e feiras, academias e sanatórios, suas bibliotecas, salas de leitura e clubes femininos. A Sociedade para a Liquidação do Analfabetismo e Socorro Mútuo podia ser encontrada em toda parte, assim como as organizações juvenis – os Pioneiros e os Komsomol [a Organização de Pioneiros de Toda a União e a Liga dos Jovens Comunistas].

Essa riqueza era a melhor medida de avanço.

Sem a alfabetização, escreveu Lenin, "não pode haver política; sem ela, há rumores, fofocas, contos de fada e preconceitos". Em 1897 – no último censo tsarista – menos de um terço dos russos eram considerados alfabetizados (sendo apenas 13% mulheres). Em 1917, um terço dos homens e menos de um quinto das mulheres eram alfabetizadas. Uma imensa quantidade do excedente econômico, na URSS, foi destinada para a educação, saúde e outras necessidades básicas da população. Em 1926, graças aos programas Likbez, metade da população podia ler e escrever. Em 1937, após duas décadas de Revolução, os níveis de alfabetização aumentaram para 86% entre os homens e 65% entre as mulheres. Foi uma conquista extraordinária. É importante mencionar que a URSS seguiu a política de indigenização (*korenizatsiya*) promovendo línguas regionais para que as pessoas pudessem desenvolver conhecimento e sabedoria em suas línguas nativas e não apenas em russo. Tal avanço ocorreu em uma "sociedade camponesa". Para efeitos de comparação, a taxa de alfabetização da Índia, após dois séculos de domínio colonial britânico, permaneceu em 12%.

"Mulheres, aprendam a ler e escrever! – Oh, mãe, se você fosse alfabetizada, poderia me ajudar", Pôster de Likbez (1923) feito por Elizaveta Kruglikova. Likbez, abreviação para "*likvidatsiya bezgramotnosti*", que significa "eliminação do analfabetismo", foi um enorme e bem-sucedido programa soviético de alfabetização.

Khazir minda azad! [Agora estou livre!] (1918-1920)
Cortesia: Biblioteca Britânica.

ÁSIA SOVIÉTICA

A Revolução de Outubro certamente começou nas cidades de São Petersburgo e Moscou. Em junho de 1916, no entanto, a agitação irrompeu na estepe do Cazaquistão e no Turquistão, contra a tentativa do tsar de recrutar o povo da Ásia Central em sua fútil guerra europeia. No Vale de Fergana e nas áreas do Cazaquistão e do Quirguistão, as pessoas atacaram colonos russos e depois fugiram – *em massa* – para Xinjiang, na China. Sociedades secretas chinesas – enraizadas em ideias antimonárquicas – tinham se infiltrado na Ásia Central. Uma dessas sociedades foi a Gelaohui, que havia sido trazida ao Xinjiang pelo exército Hunan, de Zuo Zongtang. Um dos membros da Gelaohui foi o principal general de Mao, Zhu De. Quando perguntado sobre o bolchevismo e seu impacto na organização do Partido Comunista Chinês, Zhu De disse à comunista estadunidense Agnes Smedley que "o sistema celular era tão antigo quanto as sociedades secretas chinesas". Ele sabia melhor que ninguém, pois havia sido um Grande

Ancião da Gelaohui, em Sichuan, até se tornar um comunista. Gelaohui e Red Spears [Lanças Vermelhas] se moveram entre a Ásia Central e a China, inculcando a perspectiva de que o tsar fosse derrubado. A Revolução de Outubro teve suas origens, portanto, não só em São Petersburgo, mas também em Karakol (Cazaquistão).

Muitos colonos russos dessas regiões, incomodados com as revoltas em torno deles, juntaram-se ao Exército Branco para derrubar a Revolução de Outubro. Os soviéticos enviaram uma comissão para investigar a situação no Turquistão. Essa comissão recomendou que os velhos burocratas tsaristas fossem removidos da área, que as atitudes colonialistas entre os colonos russos fossem eliminadas e que as antigas atitudes feudais e patriarcais entre os centro-asiáticos fossem combatidas. As tensões entre o Turquistão e Moscou prevaleceram. Os comunistas em Tashkent – como Turar Ryskulov, Mirsaid Sultan-Galiev e depois Zeki Velidi Togan – lutaram pela autonomia de sua região de Moscou e por uma posição muito menos hostil em relação às elites do povo turcomano. Moscou não se entusiasmou com isso. Seus representantes na Comissão – sem turcomanos entre eles – queriam integrar a área à URSS e avançar em uma política muito mais feroz da luta de classes. Lenin sentiu que os comunistas locais tinham uma melhor noção das condições locais que seus próprios companheiros em Moscou. Em sua nota aos "Comunistas do Turquistão", Lenin escreveu:

> A atitude da República dos Trabalhadores e Camponeses Soviéticos para com as fracas e até então oprimidas nações têm um significado muito prático para toda a Ásia e para todas as colônias do mundo, para milhões de pessoas. Eu, sinceramente, peço-lhes para que dediquem muita atenção a essa questão, que

empenhem todos esforços para estabelecer um exemplo efetivo de relações de camaradagem com os povos do Turquistão, para demonstrar a eles, com suas ações, que somos sinceros em nosso desejo de eliminar todos os traços do imperialismo da Grande Rússia e travar uma luta implacável contra o imperialismo mundial, encabeçada pelo imperialismo britânico.

A ideia do "Grande imperialismo russo" foi crucial para o território do antigo império tsarista. A Ásia Central tinha que ser um modelo para um mundo pós-colonial. Tropas soviéticas retiraram os reis locais de Khiva e Bukhara, colocando no lugar dos monarcas a República Soviética Popular de Khorezm e a República Soviética do Povo Bukharaniano (ambas mais tarde incorporadas ao Uzbequistão e às Repúblicas Socialistas Soviéticas do Turcomenistão). Essas repúblicas – baseadas na política da autodeterminação – precisavam proteger sua autonomia cuidadosamente.

A inquietação permaneceu no coração da Ásia Central. Questões de liberdade religiosa e os direitos dos pequenos proprietários perseguiam o projeto soviético. Os jovens bukharans e os jovens khivans – como Abdulrauf Fitrat, Fayzulla Khodzhayev e Akmal Ikramov – estavam impacientes para transformar a estrutura e a cultura de suas sociedades. Para eles, a promessa soviética significava que suas sociedades – atoladas no feudalismo – podiam entrar em uma era igualitária. O escritor indiano L. G. Ardnihcas viajou pela Ásia Central duas décadas depois e descobriu que "os primeiros bolcheviques cometeram muitos erros de política e procedimento. Eles estavam imbuídos de um senso de superioridade que foi quase fatal para a causa". No Congresso dos Trabalhadores do Leste, em Baku, em 1920, Grigory Zinoviev chegou ao coração do problema na Ásia Central. A questão mais importante, disse ele, era a reforma agrária. Zinoviev sentiu que o campesinato da Ásia Central era muito tímido para agir. "Séculos de estagnação", resultantes de "muitos séculos de opressão e escravidão por parte dos europeus havia detido o campesinato", ele disse em seu discurso aos delegados. "A solução da questão da terra no Oriente", disse ele, "está cercada de dificuldades consideráveis que surgem em parte porque os camponeses, espancados e aterrorizados por seus opressores, não ousam tomar uma ação revolucionária decisiva". É aqui que os bolcheviques tinham que agir.

> Na República do Azerbaijão, por exemplo, onde o sistema soviético já está em vigor, ainda existem camponeses que temem tomar a terra para si, com medo da vingança da burguesia e dos senhorios. A mesma dificuldade deve ser encontrada no Turquistão, onde ainda há russos que foram enviados pelo tsarismo e pela burguesia especialmente para oprimir os nativos. Esse setor dos habitantes, não desejando abandonar seus privilégios, continua a agir como antes, embora frequentemente cobrindo-se com palavras de ordem soviéticas e comunistas. O problema que enfrentam todos os verdadeiros representantes do soviete é denunciar essa elite e mostrar aos povos nativos que a Rússia soviética não vai tolerar a antiga política colonial de roubo, mas é a portadora da cultura e civilização no melhor sentido das palavras. Isso fazemos, não segundo a moda dos antigos colonos, mas como irmãos mais velhos trazendo luz e cultura.

Esses "irmãos mais velhos" não eram chauvinistas russos, mas sim centro-asiáticos que se tornaram adeptos do comunismo. Os soviéticos treinaram homens e mulheres na Universidade Comunista dos Trabalhadores do Oriente [KUTV, sigla em russo], em Moscou. Esses homens e mulheres, então, retornaram a suas casas e desenvolveram – à medida que eles acharam possível – um comunismo da Ásia Central. Ardnihcas escreveu, em *The Soviet East*, "O Partido Comunista decidiu ter sua produção feita por gente local e descartar intervenções externas dentro das repúblicas nacionais".

Uma dessas repúblicas era a do povo quirguiz, que vivia entre a URSS e a China. Quando o *oblast* autônomo de Kara--Quirguiz foi criado em 1924, o povo quirguiz não tinha alfabeto para a sua língua (embora alguns usassem o alfabeto árabe, mas apenas raramente). Dentro de alguns anos, o novo soviete introduziu um alfabeto baseado no latim. Como Raymond Steiger e Andrew Davies notaram, em 1942, em seu livro *Ásia Soviética*,

> Até alguns anos atrás, não havia alfabeto escrito da língua quirguiz. A grande maioria das pessoas era analfabeta. Hoje, os quirguiz têm um alfabeto e, em 1939, havia 20 mil alunos nas 1.500 escolas primárias, 119 escolas secundárias e três universidades existentes na república. Mais de 20 mil professores deram instruções na língua nativa a partir de livros impressos no novo alfabeto.

"É o povo comum, o camponês, o trabalhador e o pastor nômade", Ardnihcas escreveu, "quem assumiu a liderança na conquista da grande transformação".

Realizações notáveis de escala maciça melhoraram a vida dos povos da Ásia Soviética. A ferrovia de 1.500 quilômetros do Turquestão à Sibéria (Turksib) saía de Tashkent (República Socialista Soviética do Uzbequistão) e se conectava com a Ferrovia Transiberiana. Este projeto gigantesco foi de 1926 a 1931 como parte do primeiro Plano Quinquenal da URSS. Um documentário da construção – feito por Viktor Turin e lançado em 1929 como *Turksib* – é uma excelente exploração dos problemas enfrentados pelos povos nômades da região e como a ferrovia aliviaria alguns dos seus fardos. Ghafur Ghulam, mais tarde o poeta nacional da República

Socialista Soviética do Uzbequistão, acompanhou o projeto de trem se concretizar e escreveu uma ode à sua importância (foi traduzida em 1933 pelo poeta comunista afro-americano Langston Hughes e seu vizinho, o escultor georgiano Nina Zorokovitz). "Esmagadas pelo coração de bronze de cinco pontas da locomotiva", ele escreveu, "ao longo dessas estradas antigas que viram tantas coisas" agora passará o proletariado da Ásia. Eles agora viajarão "em uma caravana de aço, em união e solidariedade".

> Essas estradas antigas são nossa imortalidade.
> E ao longo dessas estradas
> Passará o vendaval da liberdade
> E não o cheiro de sangue.

O documentário de Turin e o poema de Ghulam celebram o imenso trabalho social dos povos da Ásia Central que foram criando projetos para seu próprio benefício. Mas esse trem não foi o único grande projeto. O Grande Canal de Fergana, de 300 quilômetros, concluído em 1939, ajudou a tirar água do rio Syr Darya para os campos de algodão do vale Fergana, na parte oriental da República Socialista Soviética do Uzbequistão. Permitiria a expansão da agricultura naquela região, atraindo agricultores de toda Ásia Central para o vale fértil.

Nenhum desses projetos gigantescos poderia ter sido concebido se as várias repúblicas não estivessem ligadas à URSS. Em retrospectiva, há uma grande quantidade de críticas aos problemas ambientais da indústria de fertilizantes próximas ao mar do Aral, na era soviética, e também sobre o uso de químicos industriais no solo do vale de Fergana. Isso é verdade, evidentemente, mas não é um problema apenas do experimento comunista.

Caravana Vermelha (1939), fotografia de Max Penson (1893-1959).

A inspiração para as pessoas comuns da Ásia Central veio de decretos soviéticos que ecoaram para além dos muros das colônias; os títulos eram suficientemente ilustrativos:

> A todos os trabalhadores muçulmanos na Rússia e no Oriente (novembro de 1917).
> Declaração dos Direitos dos Povos da Rússia (dezembro de 1917).
> Declaração dos Direitos dos Trabalhadores e Pessoas Exploradas (janeiro de 1918).

A declaração de dezembro de 1917 foi mais poderosa. Ela era um chamado não somente pela "igualdade e soberania dos povos da Rússia", mas também pelo "direito dos povos da Rússia por autodeterminação, até ao ponto da separação e da formação de um Estado independente". Isso era inimaginável nas colônias.

Quando o presidente dos EUA, Woodrow Wilson, tentou levar crédito pelas ideias de paz sem anexação e de autodeterminação, o jornalista indiano e nacionalista K. P. Khandilkar escreveu, em *Chitramaya-Jagat*, "Lenin fez isso há mais de dois anos".

No final de 1919, mesmo aqueles que tinham fé em Wilson, ou que haviam usado suas palavras, estavam desapontados. O chinês Mao, na época um jovem, via os líderes europeus como "um bando de ladrões" que "cinicamente defendiam a autodeterminação". A URSS de Lenin, nesse período, não tinha o mesmo tipo de limitações institucionais como os EUA de Wilson. O teste de Wilson veio na reunião da Liga das Nações, em Paris, onde ele ajudou a silenciar a tentativa japonesa de ter uma cláusula de igualdade racial no coração do Pacto da Liga das Nações. Os emissários de Wilson procederam de forma a enterrar essa cláusula, prejudicando a Liga das Nações e colocando de lado o universalismo de suas próprias propostas de autodeterminação. O racismo era vital para as políticas capitalistas dos Estados Unidos e dos países europeus que se baseavam em ideias de superioridade racial para manter suas colônias e semicolônias como lugares de superexploração das pessoas e da natureza. Não estava em questão dar liberdade a esses lugares. Wilson enviou militares dos Estados Unidos à Nicarágua, em 1914, para o Haiti, em 1915, e para a República Dominicana, em 1916. Em 1913-1914, Wilson interveio militarmente no México para minar a revolução. A falta de clareza de suas ações militares imperialistas irritou o seu secretário de Estado, Robert Lansing, que escreveu ao seu presidente em 1916: "Parece-me que devemos evitar o uso da palavra *intervenção* e negar que qualquer invasão ao México seja por causa de uma intervenção". O conselheiro de Wilson, George Louis Beer, encorajou-o a não permitir que a sua retórica implicasse a autodeterminação dos

Estados africanos. "A raça negra", escreveu Beer, "até agora não demonstrou capacidade para o desenvolvimento, exceto sob a tutela de outros povos". Nessa lista de outros povos estavam os britânicos e os franceses – que tiveram experiências –, bem como os escandinavos, que tinham uma reputação limpa. Os povos da África e Ásia, no entanto, "ainda não eram capazes de se manter sob as condições extenuantes do mundo moderno". Wilson era contemporâneo dos bolcheviques. O mundo deles era alienígena para ele.

A Internacional Comunista se reuniu pela primeira vez em março de 1919, e desprezou Versailles e Wilson, considerados não relevantes. Ela traçou um curso diferente que culminou na Conferência dos Trabalhadores do Oriente, em Baku, em 1920. A missão bolchevique em Tbilisi (Geórgia) ofereceu a seguinte descrição da conferência:

> A primeira sessão da Conferência foi dedicada ao discurso de Zinoviev, que explicou quais os objetivos do evento. A passagem do discurso de Zinoviev, na qual ele convida os povos orientais para uma guerra santa, foi interrompida pelas manifestações dos delegados que, em êxtase, saltaram de seus assentos, desembainharam suas espadas e as sacudiram no ar. O salão se encheu de comemorações em todas as línguas. Por muitos minutos, ao som da *Internacional*, a Conferência jurou manter-se fiel à causa das classes trabalhadoras. A sessão foi muito entusiasmante e era frequentemente interrompida por ovações.
>
> À noite, Baku ganhava uma aparência de feriado. Arcos triunfais artísticos e belas decorações enchiam as ruas. Durante todo o dia, os delegados se movimentavam pelas ruas. O camarada Zinoviev foi objeto de muita atenção. Onde quer que ele fosse visto nas ruas, era cercado por alegres multidões.

Em 1922, o Ministério das Relações Exteriores da URSS reconheceu que, no Leste, a influência dos soviéticos estava "crescendo constantemente" devido a sua criatividade diplomática (exemplos disso foram os tratados soviético-turco e soviético-persa, ambos de 1921).

A Internacional Comunista lutou para equilibrar as necessidades dos membros europeus com as dos membros de países colonizados pela Europa. Os primeiros representavam os países dos colonizadores. Eles tiveram que lutar em suas próprias sociedades para construir organizações da classe trabalhadora e de outras classes aliadas, ao mesmo tempo que foram acusados de dirigir uma agenda anticolonial. A tentativa do Comintern de levá-los a realizar uma Conferência Colonial não foi para frente. Era difícil descobrir o que comunistas europeus – vistos como um duto para as colônias – estavam fazendo em termos de trabalho prático para construir alianças entre os trabalhadores em seus países e nas colônias. Esses comunistas europeus achavam difícil atuar entre os trabalhadores em seus países, que haviam sido dominados por uma aristocracia operária que muitas vezes era pró-imperialista. Não era fácil promover uma agenda dupla – pelos direitos dos trabalhadores europeus e pelos trabalhadores camponeses nas colônias. Nenhuma dessas dificuldades se encontravam nas colônias – da Indochina à Costa do Ouro da África. Mas outras dificuldades assombravam os comunistas nas colônias. Eles achavam complicado criar uma estrutura precisa para trabalhar com os nacionalistas burgueses que também odiavam o domínio colonial, mas não tinham problema com o capitalismo. Tais contradições amorteceram o trabalho do Comintern. No entanto, era por meio do Comintern que os sindicalistas e nacionalistas revolucionários, de uma ponta do mundo, descobriam sobre o trabalho de seus companheiros lá na outra ponta. A infraestrutura do comunismo global foi criada pelos ativistas do Comintern, que viajavam de uma extremidade da China ao outro extremo, o México, para se reunirem com socialistas, anarquistas, sindicalistas e rebeldes de todos os tipos, a fim de estimulá-los a se unir ao movimento comunista.

Escritos como *O trabalhador negro* permitiam que sindicalistas de todos continentes acompanhassem uns aos outros e experimentassem a unidade que lhes permitiria ampliar seu trabalho. O intelectual marxista de Trinidad e Tobago C. L. R. James observou o trabalho de seu amigo e conterrâneo George Padmore, chefe do Comitê do Sindicato Internacional dos Trabalhadores Negros. James escreveu:

> Devemos nos recordar que os homens em Mombasa, em Lagos, em Fyzabad, em Porto Príncipe, em Dakar, lutando para estabelecer uma organização sindical ou política, na maioria das vezes sob condições ilegais e sob pesada perseguição, leram e seguiram com uma excepcional preocupação as diretivas que vieram do reverenciado e confiável centro, em Moscou.

Esse "confiável centro" era o Comintern. Ele forneceu a organização necessária para ajudar os trabalhadores de uma ponta do mundo estarem em contato com os da outra ponta. Padmore editou *O trabalhador negro*, que deu acesso ao mundo "a centenas de milhares de negros ativos e milhões a quem eles representavam", afirmou James. Deu a eles uma visão do "comunismo como teoria e a ideia concreta da Rússia como uma grande potência, que estava do lado dos oprimidos". James escreveu, mesmo sendo crítico da URSS: "isso é o que *O trabalhador negro* deu aos milhares que se esforçam e lutam nas Índias Ocidentais, na Nigéria, na África do Sul, em todo o mundo".

Plataformas como a *Internationale Arbeiterhilfe* (Ajuda Internacional dos Trabalhadores – AIT) surgiram inicialmente para ajudar a chamar atenção para as lutas dentro da URSS em relação à carestia – para permitir que os europeus arrecadassem fundos, especialmente, para ajudar a prevenir a fome.

Mas o trabalho da AIT acabaria por se alargar para o exterior, construindo campanhas de solidariedade do Japão ao México, da Argentina à Austrália. A AIT trabalhou na Alemanha, mas colocou sua energia para fora, em direção aos povos "oprimidos e explorados" do mundo. Isso permitiu comunistas e seus aliados a forjar conexões através dos continentes e a aprofundar as relações dos radicais dentro de seus próprios países. Permitiu que palavras como "solidariedade" assumissem um significado tangível. Isso não teria sido possível sem o apoio ativo de Moscou.

De um extremo do planeta ao outro, agentes do Comintern, como Mikhail Borodin, levaram instruções e métodos, pensando em como melhor ajudar as revoluções. Ao lado deles estavam homens e mulheres das colônias que vieram para Moscou, estudaram teoria revolucionária e depois tomaram o caminho de volta para casa para construir partidos comunistas, mesmo tendo tudo contra eles. Essas pessoas levaram vidas marcadas, perigosas, indo do portão das fábricas às gráficas, da prisão ao exílio. Suas jornadas eram imprevisíveis – o revolucionário indiano M. N. Roy se tornou um dos fundadores do Partido Comunista Mexicano, enquanto o socialista chileno Luis Emilio Recabarren se tornou um dos fundadores do Partido Comunista Argentino. Dada Amir Haidar Khan (1900-1989) deixou sua remota aldeia em Rawalpindi e se uniu à marinha mercante, depois tornou-se ativista do Partido Comunista Americano e, em seguida, foi para a URSS, para a Universidade dos Trabalhadores do Oriente, que o envia para Índia. Yusuf Salman Yusuf (1901-1949) – conhecido como Fahd – conheceu o agente do Comintern, Piotr Vasili, que o ajudou a ir para a Universidade dos Trabalhadores do Oriente, que o envia de volta ao Iraque depois de uma estada na Europa. Tan Malaka (1897-1949), que deixou as Índias Orientais holandesas para estudar na Holanda, e depois retorna para tornar-se um educador popular e comunista, é posteriormente exilado e vai a Moscou para o Quarto Congresso Mundial do Comintern. Ho Chi-Minh (1890-1969), enquanto isso, trabalha nos navios e nos hotéis na França, nos Estados Unidos e no Oceano Atlântico. Ele se torna um dos fundadores do Partido Comunista Francês, vai para a URSS para estudar na Universidade dos Trabalhadores do Oriente e depois retorna à Indochina para liderar seu país na revolução. Cada um deles nasceu por volta de 1900 e cada um teve uma vida marcada, influenciada pela Revolução de Outubro que ocorreu quando eles eram adolescentes. Essas eram as pessoas que viviam próximas aos circuitos do Comintern, para quem a URSS foi um nó crucial para desenvolver suas próprias ideias e construir suas próprias teorias e redes revolucionárias.

Em junho de 1917, Mirsaid Sultan-Galiev, da Bashkiria, que havia sido secretário do Conselho Muçulmano de Toda a Rússia, descreveu por que ele se juntou ao partido bolchevique:

> Apenas eles estão se esforçando para colocar o destino das nacionalidades em suas próprias mãos. Só eles revelaram quem começou a guerra mundial. O que impede de não ir com eles? Eles também declararam guerra ao imperialismo inglês, que oprime a Índia, o Egito, o Afeganistão, a Pérsia e a Arábia. São eles também os que levantaram armas contra o imperialismo francês, que escraviza Marrocos, Argélia e outros Estados árabes da África. Como eu não poderia ir com eles? Veja você, eles proferiram as palavras que nunca haviam sido proferidas antes na história do Estado russo. Atendendo a todos os muçulmanos da Rússia e do Oriente, eles anunciaram que Istambul deve estar nas mãos dos muçulmanos.

As palavras de Sultan-Galiev ressoaram não só em sua terra natal, Bashkiria e regiões remotas do Uzbequistão, mas também na Índia, onde dezenas de milhares de indianos *Muhajirs* procuraram ir em direção a Istambul para defender o califado do império otomano. Esses pan-islâmicos se depararam com notícias da URSS. Em Cabul, Abdur Rab Peshawari disse a eles: "na Rússia, uma revolução ocorreu e se formos até lá poderemos ver e aprender muitas coisas". Quando um grupo chegou a Termez (no atual Uzbequistão), "Soldados e oficiais do Exército Vermelho vieram com uma banda, tocando música para dar-lhes boas-vindas. O comandante do forte da cidade disse a eles para 'ver como o país soviético havia mudado após a revolução'". Em Tashkent, esses homens que vieram lutar pelo pan-islamismo "costumavam se referir a si mesmos como comunistas". "Vários desses jovens *muhajirs* decidiram ir para a União Soviética", escreve o líder comunista Muzaffar Ahmad, "a terra da revolução, em vez de irem para a Turquia". Dezessete estudantes foram para a Universidade dos Trabalhadores do Oriente, em Moscou, enquanto outros estudaram em Tashkent, na Escola Militar da Índia ("um de nós foi ensinado a pilotar um avião"). "Nós deixamos nosso país uma vez", escreveu Ahmad. "Mas depois de se juntar ao Partido Comunista nós estávamos novamente ansiosos para voltar para casa". Eles retornaram em duplas, via Irã.

A conexão entre o comunismo e o pan-islamismo desempenhou um papel importante nesse período. Em 1922, Tan Malaka, da Indonésia, colocou esse ponto explicitamente:

> Juntamente com a lua crescente, a estrela dos soviéticos será o grande emblema de batalha de aproximadamente 250 milhões de muçulmanos do Saara, Arábia, Hindustão e nossas Índias. Devemos nos dar conta de que os milhões de muçulmanos proletários são tão pouco atraídos por um pan-islamismo imperialista quanto por um imperialismo ocidental.

Isso foi escrito em setembro. No mês seguinte, Tan Malaka estava ocupado com os preparativos para o Quarto Congresso do Comintern. Ele propôs que o Comintern refletisse acerca de uma colaboração mais estreita entre o pan-islamismo e o comunismo. Sua proposta foi derrubada. Houve desconforto por razões bastante óbvias, principalmente em relação ao próprio tom conservador lançado pelos clérigos muçulmanos que resultou em uma aliança de classe com forças reacionárias em suas sociedades. Não houve espaço no debate para considerar um clero mais fortemente anti-imperialista, que também não se entusiasmasse com os padrões sociais feudais. Essas seriam as antigas redes animadas por Jamal al-din al-Afghani, o resistente ativista anti-imperialista do século XIX. Tan Malaka conhecia essas pessoas e o Sarekat Islã (o Sindicato Islâmico) nas Índias Orientais Holandesas, que seria – durante algum tempo – um importante aliado do Partido Comunista da Indonésia.

Para esses revolucionários, da Índia a Khiva, o colonialismo era uma abominação. Eles desejavam um mundo de liberdade, onde os operários e camponeses estivessem no comando de seu destino. Sultan-Galiev advertiu que a nova URSS não deveria "substituir uma classe da sociedade europeia pela ditadura mundial de seu adversário – isto é, por outra classe dessa mesma sociedade". Tal troca "não traria mudanças significativas na situação da parcela oprimida da humanidade". A URSS tinha que forjar um futuro anticolonial e antirracista. Caso contrário, reproduziria velhos hábitos do colonialismo. "A fim de impedir a opressão do trabalhador do Oriente", disse Sultan-Galiev, em 1918, "devemos unir as massas muçulmanas em um movimento comunista que será de nós mesmos e autônomo". Essa foi uma lição que muitos russos não conseguiriam aprender. Era o temor de Lenin. Foi o que se tornou a base de décadas de luta entre as capitais da Ásia soviética e da Europa soviética.

Destacamento da cavalaria do Exército Vermelho na Mongólia (1919).

INIMIGO DO IMPERIALISMO

A Revolução de Outubro e o movimento comunista possuíam apelo junto ao povo porque, como o Comintern explicou em 1928, "eles veem nele o inimigo mais decisivo do imperialismo". Mas, como alertava o Comintern, o movimento comunista não busca colocar fim apenas à dominação colonial. A promessa era acabar com o imperialismo, o que necessariamente significava acabar com a dominação de classe sobre os povos das colônias, tanto pela burguesia europeia quanto pela burguesia tropical.

Lenin e os bolcheviques entendiam a vacilação. A Revolução de Fevereiro dos operários e camponeses havia derrubado o regime do tsar. O governo que se seguiu, de Alexander Kerensky, foi enredado nos tentáculos do capitalismo russo e, por meio dele, enredou-se no imperialismo. Os capitalistas russos tinham uma posição subordinada em relação ao imperialismo. Em sua história da Revolução Russa, Leon Trotsky escreveu que a autocracia russa, de um lado, e a burguesia russa, do outro, "continham características do 'compradorismo', cada vez mais claramente expressas. Elas viviam e se alimentavam de suas conexões com o imperialismo estrangeiro, serviam a ele e, sem o seu apoio, não poderiam ter sobrevivido". Trotsky usou uma palavra que era comum em círculos radicais na época – compradorismo. A palavra vem dos dias de domínio de Portugal nos portos da Ásia. Um comprador era um comerciante que vinha de uma sociedade asiática, morava no porto, comprava mercadorias para os portugueses em seu benefício e retinha essas mercadorias até que os navios portugueses chegassem, fossem carregados e seguissem para o comércio. Os marxistas da Ásia fizeram uso dessa palavra e a empregaram para se referir à burguesia nativa parasita, que operou não apenas para seu próprio benefício, mas para, *em última instância*, beneficiar o imperialismo. A burguesia russa – como a de outras partes do mundo colonial e semicolonial – se inclinava aos interesses do imperialismo mais do que, talvez, aos seus próprios.

A burguesia russa foi a anfitriã do imperialismo europeu dentro da Rússia, mas, ao mesmo tempo, ela tinha seus próprios projetos imperiais na Manchúria, Mongólia e Pérsia. Como Kerensky não confrontaria a burguesia russa e estava disposto a se render ao imperialismo ocidental, seu governo acabaria por trair a Revolução. É por isso que ele teve que ser derrubado em outubro de 1917. É também o que permitiu aos bolcheviques aprenderem uma lição quando entraram na luta anticolonial. A burguesia nacional das colônias seria instintivamente contra o domínio colonial, mas ela não seria necessariamente contra o imperialismo. Sua traição de classe teve que ser confrontada dentro dos movimentos nacionais.

A liderança dos movimentos nacionalistas anticoloniais não tinha necessariamente a vontade de perseverar. "Muitos desses adeptos do Partido, no curso da luta revolucionária, adotarão o ponto de vista da classe proletária", observou o Comintern, mas "outra parte achará mais difícil libertar-se, no final das contas, dos humores, da hesitação e da ideologia da pequena burguesia". A burguesia nacionalista hesitaria, tal qual o governo de Kerensky, ávida por alguma dignidade enquanto nação independente, mas também não estaria disposta a lutar pela liberdade total contra o poderoso bloco imperialista.

No Comintern, a posição contrária à burguesia nacional foi articulada firmemente pelo comunista iraniano Avetis Sultan-Zade, que se uniu ao Partido Bolchevique, em 1912, em São Petersburgo, onde ele estava estudando. Depois da Revolução, Sultan-Zade foi para a Pérsia, onde trabalhou para construir o movimento comunista na região norte e na Ásia central, atuando junto dos trabalhadores persas emigrantes. Ele se uniu ao Partido Adalat, uma organização persa influenciada pelo marxismo que iria, posteriormente, tornar-se o Partido Comunista da Pérsia. Sultan-Zade viu que mesmo dentro de seu partido havia pessoas que não estavam comprometidas com uma reforma agrária imediata e estavam ansiosas para colaborar com nacionalistas que não tinham uma agenda social articulada e bem desenvolvida. No Comintern, onde ele tinha alguma influência, Sultan-Zade alertou para os perigos de dissolver partidos comunistas independentes na maré nacionalista. Os comunistas devem estar envolvidos centralmente no movimento nacionalista, mas eles também devem manter sua independência organizacional. "A evolução da luta de classes vai, num futuro próximo, forçar a burguesia, mesmo nos países coloniais, a abandonar toda e cada ideia revolucionária", disse Sultan-Zade, em novembro de 1920.

Sultan-Zade falava a partir de sua experiência. De Moscou, onde fora trabalhar no Comitê Executivo do Comintern, ele assistiu como líderes nacionalistas do Egito à Turquia, passando pela Pérsia, reprimiam os comunistas, mandando-os para a prisão ou para a forca. Ele encontrou um aliado em M. N. Roy, que também era cético sobre a burguesia nacional na luta anticolonial. Em 1924, Saad Zaghloul Pasha se tornou primeiro-ministro do Egito e prendeu todo o comitê central do Partido Comunista Egípcio, que havia lutado ao lado do Partido Wafd, de Zaghloul, contra o imperialismo britânico na revolta de 1919. Quando Reza Khan ocupou o poder na Pérsia, em 1925, ele também prendeu a liderança comunista do partido persa e destruiu a organização. Na Turquia, Kemal Ataturk beneficiou-se da ajuda soviética e do apoio comunista, mas quando ele se consolidou no poder, em 1922, ele suprimiu seus antigos aliados comunistas.

No entanto, nada foi tão dramático quanto os eventos na China, onde o partido nacionalista Kuomintang (KMT) massacrou os comunistas em 1927. O KMT queria relações estreitas com Moscou, e enviou com avidez seu representante Hu Hanmin ao Comintern para implorar por uma entrada. Hu Hanmin habilmente sugeriu que ele vinha da "ala revolucionária do Kuomintang" e precisava do Comintern para ajudar a conter os reacionários. Ele disse a Moscou: não era necessário o Partido Comunista Chinês. O Comintern deveria apenas construir uma ala esquerda no KMT. Isso o Comintern se negou a fazer, embora a URSS tenha provido um apoio considerável ao KMT enquanto este construía suas forças. O Partido Comunista era muito pequeno para absorver toda a energia do Comintern. Em setembro de 1926, o KMT enviou Shao Lizi – um jornalista que havia estudado marxismo em 1910 com Chen Duxiu –, fundador do Partido Comunista Chinês. Shao Lizi tentou bajular Moscou, mas também falhou. A URSS ajudaria o KMT, mas não estava preparada para pedir a dissolução do Partido Comunista. Foi a traição do KMT aos comunistas, em abril de 1927, que encerrou essa dança entre KMT e o Comintern. O Comintern deveria ter instruído os comunistas chineses a ficarem longe do KMT após a fundação do Partido Comunista Chinês, em 1921? A base para as ações unitárias feitas por todas as seções nacionalistas contra o imperialismo foram estabelecidas por Lenin, em 1916,

> A principal coisa *hoje* é ficar contra a frente unida e alinhada das potências imperialistas, contra a burguesia imperialista e os social-imperialistas, e ser a favor da utilização de *todos* os movimentos nacionalistas contra o imperialismo, com o objetivo da revolução socialista.

O objetivo continuou sendo a "revolução social", mas a fraqueza da classe trabalhadora exigiu uma aliança com todas as classes na luta nacional. Os soviéticos entendiam plenamente o poder do imperialismo. Logo após a Revolução de Outubro, *todos* os poderes imperialistas – do Reino Unido aos Estados Unidos – enviaram armas, equipamentos e encorajamentos para que os Exércitos Brancos derrubassem o Estado dos trabalhadores. Nenhuma das forças brancas lideradas pelo almirante Alexander Kolchak ou pelo general Anton Denikin foram capazes de sustentar sua guerra sem a assistência imperialista. Nenhum camponês – agora com terra dada pelos soviéticos – estava disposto a lutar de graça para restaurar os aristocratas no poder. Winston Churchill, uma pessoa influente no governo britânico, disse que "poderia também se legalizar a sodomia, como fazem os bolcheviques". Ele possuía uma visão fanática contra o comunismo. Outros não se opunham a ele inteiramente. O que os deteve foi o esgotamento do erário britânico e o de outras potências imperialistas por conta da Grande Guerra. A invasão imperialista da URSS não foi uma forma de diálogo ou uma exportação de democracia, mas uma ação armada contra o novo governo. A brutalidade do imperialismo era vista em todos os continentes, da barbárie dos belgas no Congo até o tratamento duro dos italianos contra os líbios, em 1911, e pelos ingleses, holandeses e franceses do Caribe ao Sudeste Asiático. Foi contra essa força que Lenin advertiu sobre a unidade de todas as classes nacionais.

Lenin chamou a atenção para o fato de que se os comunistas não conquistassem a confiança do povo, eles somente enfraqueceriam qualquer unidade popular contra a intervenção imperialista. Nas lutas anticoloniais, os comunistas tinham que estar com o povo. Isso era fundamental. Mas estar com o povo não significava adotar uma política populista – ser o boneco ventríloquo que reproduz a visão social que o povo possui. Os comunistas devem manter seus valores, mas não devem permitir que esses valores estejam muito longe do senso comum das pessoas. Isso era complicado e exigia destreza e tato. Foi por isso que Lenin aconselhou o Partido Popular da Mongólia, em novembro de 1921, a desistir de mudar seu nome para Partido Comunista. O Partido, ele disse, não poderia estar à frente da consciência geral das pessoas. Quando o proletariado desenvolve sua confiança e começa a moldar o movimento popular, somente aí o Partido do Povo pode tornar-se um Partido Comunista. "Uma mera mudança de placas é prejudicial e perigosa", disse Lenin a uma delegação mongol. Os mongóis já haviam feito a revolução em julho daquele ano. Três anos depois, em 1924, o recém-nomeado Partido Revolucionário Popular da Mongólia se juntaria ao Comintern. O uso da palavra *revolucionário* substituiu a palavra *comunista*.

Os mongóis queriam espaço para produzir suas próprias teorias e políticas revolucionárias. Mas sua confiança nos soviéticos em relação à ajuda material estava emaranhada com a confiança na política soviética para seu próprio desenvolvimento – todos com medo da intervenção do imperialismo –, que não era infundada (como mostraria a invasão do Barão Roman von Ungern-Sternberg, em 1921). A confiança de Ulaanbaatar no Kremlin estreitou seriamente a capacidade de seu movimento revolucionário construir sua própria história e sua própria capacidade de produzir teoria e prática socialista. Visões estreitas de desenvolvimento levaram a uma distorção da economia pastoril, o que minou a capacidade dos pastores de cuidar de seus animais. A migração em massa para a China, bem como uma revolta em 1931-1932, foram o resultado óbvio. Outra foi a centralização do poder sob Khorloogiin Choibalsan, que se guiava por Moscou e não pela história da Mongólia.

Somente alguns anos depois dos mongóis visitarem Lenin, Tan Malaka escreveu amargamente sobre a mão demasiadamente firme do Comintern sobre a política revolucionária na China e nas Índias Orientais Holandesas:

> A liderança de Moscou é boa apenas para a Rússia. Com exemplos da Alemanha, Itália e Bulgária, fica demonstrado que a liderança de Moscou falhou em outros países. Toda a Terceira Internacional [Comintern] é construída a partir do interesse russo, e jovens líderes orientais, em particular, estarão inclinados a revisar o culto cego ou perderão a sua independência e terão como resultado disso a falta de contato com suas próprias massas, que têm impulsos diferentes do povo russo.

Quando Tan Malaka foi questionado se essa crítica a Moscou traria ele e os comunistas indonésios para a Quarta Internacional de Leon Trotsky, então, no meio de uma luta contra Joseph Stalin, ele respondeu: "o povo das Índias tem o suficiente para fazer, sem esperar pela conclusão da luta entre Stalin e

Trotsky". Essa foi a atitude na maioria dos países anticoloniais. Indivíduos certamente admiravam Trotsky por seu papel na Revolução de Outubro e por seu trabalho na construção do Exército Vermelho, e alguns até concordaram com suas críticas sobre a tendência da URSS em direção à burocratização. No entanto, isso não foi suficiente para que eles rompessem com a URSS, que forneceu uma inspiração importante e recursos necessários para seus próprios movimentos. O trotskismo teve muito pouco impacto no Terceiro Mundo – exceto no Sri Lanka, na Bolívia e na Argentina, bem como entre um pequeno número de intelectuais. A denúncia do trotskismo sobre os Estados nacionais anticoloniais (aqueles que formaram o movimento dos não alinhados) e, em seguida, sobre a Revolução Cubana, alienou-o dos comunistas no Terceiro Mundo.

O nacionalismo anticolonial não podia ser facilmente denunciado. Lenin reconheceu que era uma "tarefa difícil" navegar nos cardumes do nacionalismo anticolonial. Tal problema teve que ser tratado cuidadosamente. Não havia "uma cartilha comunista" que tivesse as respostas para os radicais nos movimentos anticoloniais. Eles teriam que se atirar na luta e encontrar suas respostas. Às vezes os movimentos assim o fizeram. Outras vezes, procuraram fórmulas impossíveis.

José Carlos Mariátegui (1894-1930).

MARXISMO ORIENTAL

Somente no final da sua vida, Karl Marx deixou a Europa e viajou a um país sob domínio colonial. Ele foi à Argélia, em 1882. "Para os muçulmanos, não há tal coisa como subordinação", Marx escreveu para sua filha Laura Lafargue. A desigualdade é uma abominação para "um verdadeiro muçulmano", mas esses sentimentos, considerava Marx, "iriam se degradar sem um movimento revolucionário". Um movimento com uma compreensão revolucionária seria facilmente capaz de crescer onde havia esse sentimento cultural contra a desigualdade. Marx não escreveu mais sobre a Argélia ou sobre o Islã. Essas foram observações feitas de pai para filha, mas nos dizem muito sobre sua sensibilidade.

Não havia espaço no marxismo para a ideia de que certas pessoas precisavam ser governadas porque eram inferiores racial ou socialmente. Na verdade, o marxismo – dos primeiros escritos de Marx em diante – sempre entendeu a liberdade humana como um objetivo universal. A escravidão humana e a degradação dos seres humanos em situações análogas à escravidão despertaram em Marx uma indignação profética. Uma das passagens mais famosas de Marx em *O capital* (1867) apontou que a "rosada aurora da era da produção capitalista" não deve ser encontrada no banco ou na fábrica antissépticos. A origem do capitalismo tinha que ser encontrada – entre outros processos – "na extirpação, escravidão e sepultamento da população aborígene, nas minas, no início da conquista e pilhagem das Índias Orientais, na transformação da África em um labirinto para a caça comercial de peles negras". O capitalismo cresceu e foi sustentado pela degradação da humanidade. Não é de se admirar, portanto, que o anticolonialismo tenha tido um papel tão importante no movimento marxista.

Quando o marxismo viajou para fora do domínio de onde Marx primeiro desenvolveu sua teoria, teve que se envolver com o que Lenin chamou de "a coisa mais essencial no marxismo, a alma viva do marxismo, a análise concreta da situação concreta". Essa fórmula foi valiosa, das Índias Orientais Holandesas aos Andes.

Nos Andes (América do Sul), um dos maiores (e menos conhecidos) pensadores marxistas – José Carlos Mariátegui (1894-1930) – escreveu em 1928: "Não queremos que o socialismo na América seja decalque nem cópia, mas sim criação heroica. Temos que dar vida, com nossa própria realidade, em nossa própria língua, ao socialismo indo-americano". O que Mariátegui fez? Ele leu Marx e Lenin – e estudou profundamente a realidade social dos Andes. A teoria de Lenin sobre a aliança operário-camponesa foi um agregado fundamental ao seu marxismo. A "revolução socialista em um país essencialmente agrário como o Peru, nos anos 1920", escreveu ele,

> era simplesmente inconcebível sem levar em consideração a mobilização insurgente de comunidades rurais indígenas que estavam desafiando o poder dos grandes proprietários de terras

(*latifundiários*) que eram responsáveis por manter vivas as velhas formas de exploração econômica.

O agente da mudança no Peru, além das classes produtoras, tinha que incluir as comunidades rurais indígenas cuja população era principalmente ameríndia. Procurar os insurgentes somente entre o minúsculo setor industrial de Lima seria entrar na batalha contra o capital com uma mão amarrada atrás das costas. Esse era um eco do chamado de Lenin pela unidade entre operário e camponês, mas com as comunidades indígenas no cenário de então.

As comunidades rurais indígenas eram capazes de formar um movimento socialista? Na década de 1920, quando Mariátegui escrevia, a forma intelectual predominante em relação às comunidades rurais era o *indigenismo*, ou indianismo – um movimento cultural que reviveu e celebrou formas culturais ameríndias, mas não procurou explorar seu potencial transformador. O *indigenismo* enfraquecia os ameríndios e os via romanticamente como produtores culturais, mas não produtores de história. Mariátegui reinterpretou a história deles de uma forma mais vibrante – olhando no passado o socialismo primitivo inca e as lutas atuais contra os *latifundiários* como fontes de transformação social. "A tese de uma tradição comunista incaica é", ele escreveu, "a defesa de uma continuidade histórica entre o antigo modo de vida comunal inca e a sociedade comunista peruana do futuro". O socialismo andino de Mariátegui nunca foi uma restauração do passado, de um comunismo primitivo de um mundo inca antigo. "É claro que estamos preocupados menos com o que está morto do que com o que sobreviveu da civilização inca", ele escreveu em 1928. "O passado do Peru nos interessa na medida em que pode explicar o presente do Peru. Gerações construtivas pensam no passado como uma origem, nunca como um programa". Em outras palavras, o passado é uma fonte, não um destino; nos lembra do que é possível, e suas marcas nos mostram que elementos desse velho comunitarismo podem ser aproveitados na luta contra as relações resultantes dessa propriedade privada colonial, no presente. Quando o marxismo chegou ao Terceiro Mundo, teve que ser flexível e preciso – aprender com o contexto, entender o caminho pelo qual o capitalismo se transforma em algo novo e explora as formas de transformação social para impulsionar a história.

O Comintern tentou ser flexível, mas seu conhecimento limitado do mundo demonstrou que o órgão acabou sendo muito dogmático para ser sempre útil. No final da década de 1920, o Comintern sugeriu a criação de um cinturão negro na região sul dos Estados Unidos, das repúblicas nativas na África do Sul e uma República Indígena ao longo da região andina na América do Sul. De Moscou, parecia que a teoria das nacionalidades poderia ser facilmente transportada para essas terras distantes. Para a América do Sul, a teoria foi debatida na I Conferência Comunista Latino-Americana, realizada em Buenos Aires em junho de 1929. Um debate feroz eclodiu ali, e a posição preferida do Comintern foi contestada pelos associados a Mariátegui. "A construção de um Estado autônomo da raça indígena", Mariátegui escreveu, "não levaria à ditadura do proletariado indígena, tampouco à formação de um Estado indígena sem classes". O que se criaria é um "Estado indígena burguês com todas as contradições internas e externas de outros Estados burgueses". A opção preferida seria a de um "movimento de classe revolucionário formado pelas massas indígenas exploradas", que seria a única maneira de elas "abrirem um caminho para a verdadeira libertação de sua raça". O debate sobre metas e estratégia tornou-se tão acirrado que essa foi a única Conferência

Comunista Latino-Americana a ser realizada. "O proletariado indígena aguarda o seu Lenin", escreveu Mariátegui. Ele não quis dizer de fato um Lenin, mas uma teoria que poderia emergir dos movimentos para conduzi-los contra as estruturas rígidas do passado e do presente.

Essa nem sempre foi a lição aprendida. Mas é nossa lição agora.

E. M. S. Namboodiripad (1909-1998) nasceu uma década depois de Mariátegui e sobreviveu a ele por muitas décadas. Ele não foi apenas um marxista inovador, mas também o líder do movimento comunista na Índia. Do seu relatório de 1939 ao Comitê de Pesquisa sobre Inquilinato do Malabar aos seus ensaios de 1970 sobre castas e classes, E. M. S. explorou o método marxista para interpretar a história e a sociedade da Índia. Para o materialismo histórico – a narrativa histórica proposta por Marx –, a sociedade passou por dois estágios, da escravidão ao feudalismo, e depois do feudalismo ao capitalismo, antecipando um futuro estágio, do capitalismo ao socialismo. Nada disso aconteceu na Índia. "A Índia permaneceu ligada à mesma velha ordem", E. M. S. escreveu, "sob a qual a esmagadora maioria das pessoas pertencia às castas oprimidas e atrasadas. Isso é a essência do que Marx chamou a sociedade *imutável* da Índia, onde a aldeia não era tocada pelas guerras e convulsões nos estratos mais altos". A sociedade de castas e a hegemonia do bramanismo tiveram um impacto mais pernicioso na sociedade indiana. O sistema de castas não só manteve as massas oprimidas escravizadas, mas a hegemonia ideológica do bramanismo resultou em uma estagnação da ciência e tecnologia e, portanto, em última análise, também das forças produtivas. Esse processo enfraqueceu a Índia, deixando a porta totalmente aberta para o colonialismo europeu. Como E. M. S. coloca, "a derrota das castas oprimidas nas mãos da supremacia bramânica, do materialismo pelo idealismo, constituiu o começo da queda da civilização e da cultura da Índia, o que, no final, levou à perda da independência nacional".

A estagnação da história indiana desde o tempo de Adi Shankara, no século VIII, foi encapsulada na sociedade feudal baseada em castas. Essa ordem em castas, com suas justificativas religiosas, foi capaz de conter as contradições. Isso significa que, ainda que a ordem de casta tenha sido desafiada em toda a história da Índia por meio de rebeliões, nenhuma foi capaz de atacar frontalmente o sistema de castas e quebrar sua hierarquia de forma substantiva. Nem o colonialismo britânico nem a burguesia indiana no Estado pós-colonial tinha qualquer apetite verdadeiro para acabar com as castas. A conversão de senhorios feudais em latifundiários capitalistas e a conversão de servos no proletariado agrário não quebrou a coluna do feudalismo. As transformações apenas sobrepuseram as relações sociais capitalistas sobre a ordem feudal baseada em castas. "Na Índia", E. M. S. escreveu, "muitas das formas de exploração do sistema pré--capitalista continuam, algumas em sua forma original e outras em formas alteradas. Existe, paralelamente, um novo sistema de exploração, como resultado do desenvolvimento capitalista". O proletariado agrário, por causa das antigas relações feudais, experimentou uma dura pauperização – os pobres do campo ficaram ainda mais pobres – uma vez que os antigos costumes feudais permitiam aos proprietários transferir todo o fardo da agricultura para seus trabalhadores, enquanto colhiam todo o lucro – pouco disso foi reinvestido para modernizar a agricultura de alguma forma.

As formações sociais pré-capitalistas cultivadas pelo colonialismo e pela burguesia nacional tinham que ser sistematicamente minadas pelos movimentos populares da Índia independente.

E. M. S. rastreou as potencialidades dentro da sociedade indiana, encontrando as oportunidades para o progresso social e os freios contra ele. Conhecedor da especial opressão de castas e da predominância religiosa na sociedade indiana, ele lutou contra a organização de pessoas com base nesses critérios; não se pode lutar contra a opressão de castas a partir das castas. Em vez disso, tal opressão deveria ser combatida por pessoas reunidas em organizações de classe unificadas que compreendessem e enfatizassem o papel especial das castas na sociedade indiana. Assim ele propôs em seu ensaio sobre castas e classes:

> Nós tivemos e ainda temos que lutar uma batalha de duas frentes. Unidos contra nós, por um lado, estão aqueles que nos denunciam devido ao nosso suposto 'abandono dos princípios do nacionalismo e do socialismo', já que estamos defendendo causas 'sectárias' como as das castas oprimidas e minorias religiosas. Por outro lado, estão aqueles que, em defesa das massas oprimidas em castas, na verdade, as isola da principal corrente de luta do povo trabalhador, independentemente de casta, comunidades e assim por diante.

Mas a tônica da unidade não tinha como finalidade dissolver questões relacionadas à miséria social, experimentadas pelas castas oprimidas, por mulheres, por *adivasis*, por aqueles que sentiam a violência da hierarquia de classes juntamente com a violência de outras hierarquias. Esses questionamentos precisavam estar todos sobre a mesa. O movimento comunista na Índia demorou muitas décadas para lutar com o equilíbrio preciso entre a necessidade de unidade de todas as pessoas exploradas e a ênfase especial em certos tipos de opressão baseados em divisões sociais. A rota inicial organizacional proposta pelo comunismo indiano consistiu em usar a plataforma de organizações de classe para atacar abertamente a opressão do sistema de castas, a predominância religiosa e o chauvinismo masculino feudal. Mas logo ficou claro que isso era insuficiente.

A classe trabalhadora não é composta de corpos não marcados de trabalhadores. É constituída por pessoas com experiências próprias de hierarquias e injustiças sociais que exigem uma atenção especial na luta contra elas. É por isso que o comunismo indiano, eventualmente, precisou desenvolver plataformas organizacionais – como a Associação das Mulheres Democráticas da Índia (AIDWA, sigla em inglês) e a Frente de Erradicação dos Intocáveis Tamil Nadu – que concentrariam a atenção nas hierarquias específicas que precisavam ser combatidas ao lado das demandas de classe da esquerda. Tal questão é colocada de forma clara por Brinda Karat, uma líder do Partido Comunista da Índia (Marxista) e antiga presidente da AIDWA:

> Um entendimento mecânico acerca das classes é frequentemente problemático. Quando Marx disse, 'trabalhadores do mundo, uni-vos', ele não estava falando dos trabalhadores do sexo masculino. Nós fomos incapazes de integrar as múltiplas formas do duplo fardo que as mulheres trabalhadoras carregam como parte integrante de nossa luta.
> Todas as revoluções bem-sucedidas mostraram o papel decisivo das mulheres trabalhadoras na revolução. Nós sabemos que a Revolução de Fevereiro, na Rússia, foi iniciada pelas enormes manifestações de rua das mulheres trabalhadoras. Para além da questão de gênero, em nossa experiência na Índia, dentro da classe trabalhadora, há setores que enfrentam maior opressão e discriminação com base no sistema de castas, sendo uma parte desse setor os chamados intocáveis, os *dalits*, aqueles que estão relegados às camadas mais baixas da pirâmide social. A casta atua como um instrumento para a intensificação da extração da mais-valia dos *dalits*. Algo semelhante é o assalto aos direitos das comunidades *adivasi* (comunidades tribais) com a captura corporativa de terras, florestas, destruição de histórias, culturas, línguas e modos de vida. Nenhuma luta de classes na Índia pode ter sucesso sem, ao mesmo tempo, desafiar o nascimento baseado no sistema hierárquico de castas contra os *dalits* ou as questões específicas que os trabalhadores *adivasi* enfrentam. Eu

acho que isso seria igualmente relevante para a questão de raça, discriminação baseada na religião ou mesmo contra imigrantes em outros países. Esses aspectos cresceram no último século e as lutas da classe trabalhadora que os ignoram, se danificam e se enfraquecem, ficando abertas a acusações legítimas de racismo ou casteísmo. Assim, a consciência de classe deve necessariamente incluir a consciência da exploração específica que trabalhadores podem enfrentar por causa de suas origens raciais ou de castas ou devido a seu gênero.

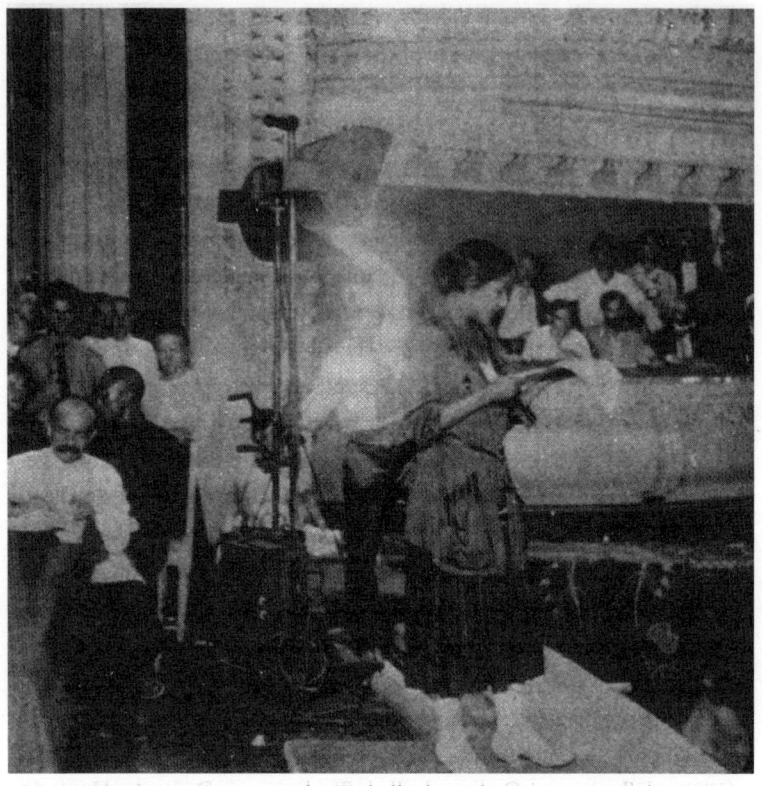

Naciye Hanim no Congresso dos Trabalhadores do Oriente, em Baku (1920).
Cortesia: La Chaux-de-Fonds Métropole Horlogère (Suíça).

PARA VER O ALVORECER

Não deve ter sido fácil para a comunista turca Naciye Hanim, uma professora de Istambul, levantar-se no Congresso do Povo do Oriente, em 1920. A reunião foi em Baku, que tinha se estabelecido – juntamente com Tashkent – como um dos polos do comunismo oriental. Hanim foi uma das poucas mulheres no Congresso, apesar dos esforços da liderança do Comintern. Havia somente 55 delegadas do sexo feminino em uma sala de 2 mil delegados. Não obstante, o Comintern assegurou que duas mulheres tomassem assentos ao lado de dois homens, em cadeiras conjuntas, e três mulheres ganharam a eleição para o *presidium*. As mulheres precisavam superar o "despotismo dos homens", tanto quanto o despotismo do capital, disseram os representantes do Comintern aos delegados. Foi uma mensagem firme para uma sala de pessoas que não estavam exatamente com vontade em concordar.

Hanim advertiu os delegados que "por mais sincero e por mais vigorosos que sejam seus esforços, eles serão infrutíferos, a menos que vocês convoquem as mulheres para se tornarem verdadeiras ajudantes em seus trabalhos". Ela não flexibilizou seus pontos de vista. "Pessoas que veem o fato de que as mulheres estão conseguindo trabalho por conta da escassez de animais de carga como uma contribuição para a causa da igualdade de direitos para as mulheres são indignos de nossa atenção". Muitos no salão teriam se sentido atingidos pelos seus comentários, se eles se importassem em ouvir.

Os organizadores colocaram o discurso de Hanim no último dia. Era tarde, as pessoas estavam cansadas, ansiosas por voltar para casa. "Muitos discursos violentos foram feitos", escreveu um informante britânico, "mas o efeito geral foi, em muitos casos, prejudicado pelo grande número de muçulmanos que saíam para fazer suas preces". Um delegado advertiu – junto com o aviso de Hanim – que "nós não somos capazes de, imediatamente, formar todos nossos costumes e condições de vida de acordo com um referencial comunista". O Leste, ele disse, "é completamente diferente, seus interesses são completamente diferentes dos do Ocidente". Estes não eram tão diferentes, como a líder bolchevique Alexandra Kollontai vinha sugerindo em muitos de seus escritos sobre a importância da emancipação das mulheres. Mas o Oriente não era nenhum paraíso, como Hanim deixou claro.

A lista de reivindicações de Hanim merece consideração, já que poderia ser muito bem uma lista radical até nos dias de hoje:

- completa igualdade de direitos;
- assegurar às mulheres acesso incondicional a instituições educacionais e vocacionais estabelecidas para homens;
- igualdade de direitos de ambas as partes no casamento;
- abolição incondicional da poligamia;
- incondicional admissão de mulheres ao emprego em instituições legislativas e administrativas;
- estabelecimento de comitês para os direitos e proteção das mulheres em todos os lugares, nas cidades e vilarejos.

Hanim não era uma idealista. Ela tomou as rédeas da vida e exigiu mais dela. "Verdade, podemos tropeçar na escuridão sem caminho, podemos estar à beira de abismos", ela comentou liricamente, "mas não estamos com medo, porque sabemos que para ver o alvorecer é preciso passar pela noite escura".

Hanim tinha aliados em Moscou, particularmente no Genotdel (departamento de mulheres). No ano seguinte à conferência de Baku de 1920, Alexandra Kollontai, então chefe do Genotdel, quis convocar um Congresso das Mulheres Orientais para colocar demandas como as de Hanim sobre a mesa da política soviética. Na Segunda Conferência Internacional de Mulheres Comunistas realizada em Moscou de 9 a 14 de junho de 1921, a discussão sobre "mulheres orientais" foi vibrante. A resolução final da conferência convidou o Partido e todas as instituições do Estado do Leste Soviético a "travar uma luta contra todos os preconceitos e costumes religiosos opressivos para as mulheres, conduzindo esta agitação também entre os homens". O principal instrumento para elevar o "nível cultural da população" seria lutar para construir sindicatos de mulheres – "clubes de trabalhadoras" que deveriam ser "centros de esclarecimento cultural – instituições que demonstrem através da experiência o que as mulheres podem alcançar por meio de suas próprias iniciativas para a sua emancipação (organização de creches, jardins de infância, escolas de alfabetização sob os auspícios dos clubes etc.)". No Leste Soviético, as mulheres proletárias devem estar organizadas em sindicatos e associações de donas de casa, bem como ser encorajadas a lutar pela implementação da igualdade de direitos consagrados na legislação soviética. "As particularidades da vida cotidiana dos povos do Oriente devem ser respeitadas", observou a resolução. Isso significava que as lutas não deviam ser conduzidas de forma racista e hipócrita, mas deveriam colocar as mulheres do Oriente na vanguarda para lutar por uma revolução de seus próprios mundos culturais.

Kollontai, como chefe do Genotdel, junto com Lenin e Alexander Shlyapnikov, sentiu que as conclusões da II Conferência das Mulheres Comunistas sugeriam a necessidade de um Congresso das Mulheres Orientais. Depois de uma reunião azeda do politburo, em agosto de 1921, que levantou a questão desse congresso, mas depois votou contra ele, Kollontai repreendeu Lenin sobre a desorganização do governo e o efeito negativo disso para o Genotdel. Kollontai escreveu sobre sua frustração: "No inverno, planejamos três vezes ter um Congresso do Oriente [de Mulheres] e três vezes foi cancelado, em concordância [com o Escritório Organizacional], e eu não fui informada, e o Genotdel tampouco foi notificada do cancelamento!". Kollontai se sentiu encurralada pelas visões conservadoras de alguns membros da liderança da União Soviética. Stalin foi particularmente rude. Quando perguntado sobre a necessidade de um Congresso das Mulheres Orientais, Stalin disse: "Para quê? Por que arrastar mulheres dos seus véus aqui? Nós teríamos muitos problemas para lidar. Os maridos protestariam. É muito cedo. Quem quer que seus relacionamentos sejam examinados?".

Uma Conferência das Mulheres Orientais, entretanto, ocorreu. Foi majoritariamente sobre mulheres do Leste Soviético. O consenso da Conferência foi de que "o trabalho entre as mulheres turcas até hoje não tem sido suficientemente desenvolvido". Os comitês de partidos locais foram solicitados a dar "séria atenção" ao trabalho entre as mulheres. A Conferência sugeriu que as mulheres do Oriente se organizassem em sindicatos e clubes. O ponto principal, levantado por Kollontai,

Hanifi Burnashev (uma líder tártara que era então secretária do partido Fergana) e Mirsaid Sultan-Galiev, foi o de trabalhar cuidadosamente entre as pessoas:

> A educação comunista das massas femininas, usando todos os tipos de agitação e propaganda da ideia do comunismo e da participação prática das mulheres na construção soviética: todas essas atividades podem ser conduzidas com sucesso se as representantes das trabalhadoras dos povos do Oriente forem recrutadas para o trabalho real. Os departamentos de mulheres devem orientar o trabalho de jovens funcionárias entre as comunistas dos povos do Oriente, enquanto escuta atentamente todas as recomendações práticas que elas fazem com base na experiência e conhecimento do meio, bem como ajudando a implementá-los.

Na Ásia Central, como consequência, bolcheviques locais estabeleceram comitês especiais do Genotdel em Bukhara (1923) e Khiva (1924), assim como um clube de mulheres em Fergana (1925). Em fevereiro de 1925, o *Presidium* do Comitê Executivo Central da URSS reafirmou os "direitos das mulheres do Leste Soviético". Ali, a liderança do Genotdel mobilizou uma agenda rigorosa contra as formas tradicionais de opressão, como a poliginia e o isolamento das mulheres. A luta não foi fácil. Os partidos locais e radicais – principalmente compostos por centro-asiáticos – ficaram entre denunciar os fanáticos religiosos, bem como costumes arraigados, e enfrentar uma rebelião contra a política soviética liderada pelos tradicionalistas.

A líder do Genotdel, Serafima Liubimova, observou, em 19 de maio de 1926, que várias formas tradicionais, como compra de noiva, casamentos com menores de idade e o isolamento precisavam se tornar ilegais. "O estilo de vida que foi preservado até agora é a escravidão das mulheres", disse ela, "isso está em contradição com a economia e dificulta o movimento entre grandes massas de mulheres em direção à independência econômica". Liubimova queria que as várias repúblicas da Ásia Central passassem leis que proibissem essas práticas. Mas as leis – que mais tarde foram feitas – não foram suficientes. As normas sociais não foram totalmente quebradas por elas. Além disso, como as unidades do Genotdel descobriram, as mulheres às vezes adotavam esses costumes como forma de ter conforto e poder em ambientes domésticos familiares. Conflitos entre *mullahs* e *jadids* (reformadores de elite) não facilitaram a passagem de formas mais antigas de domesticidade para as formas mais modernas. Os soviéticos hesitaram na primeira década, não querendo confrontar diretamente a cultura da Ásia Central por medo de uma revolta generalizada na região.

Alexandra Kollontai cercada por mulheres do Leste Soviético (1921).

Em 8 de março de 1927, no Dia Internacional das Mulheres, as ativistas do Genotdel saíram às ruas nas principais cidades do Uzbequistão. As mulheres marcharam pelas ruas até as praças da cidade, que foram decoradas com bandeiras vermelhas com *slogans* militantes sobre a libertação das mulheres. Músicos cumprimentaram as mulheres, que então se sentaram em tapetes para ouvir suas lideranças atacarem os antigos costumes e celebrar o comunismo como o caminho a seguir. Algumas mulheres retiraram e queimaram seus véus. Um novo projeto – *hujum* (assalto) – seria liderado pelas militantes do Genotdel em uma luta direta contra os costumes hierárquicos da Ásia Central. Esse era um ataque agressivo – *K nastupleniiu*! (Para o ataque!) –, diziam as militantes que realizavam ações diretas, bem como as instituições construídas pelas mulheres (clubes, escolas). As militantes do Genotdel estavam agora em confronto direto com o clero e com os latifundiários, que se beneficiaram da quietude social imposta pelos costumes antigos.

A reação ao *hujum* foi feroz, mas particular. Houve poucos protestos públicos para defender o *yashmak* (véu) e o analfabetismo. Os "protestos" eram contra as mulheres que haviam se manifestado ou contra as que tentavam adotar as novas normas. Durante esse período do final dos anos 1920, a Suprema Corte do Uzbequistão observou que chegaram a eles 71 casos de homens irritados com mulheres devido a suas asserções. O Tribunal condenou 127 pessoas por agressão contra as mulheres. O tribunal de Tashkent lidou com 38 casos desse tipo; em 13 deles, homens mataram mulheres. Em 1928, 270 mulheres usbeques foram assassinadas por tirarem o véu. As militantes do Genotdel persistiram. O *hujum* não foi uma luta fácil, tampouco conseguiu transformar plenamente os mundos culturais das famílias cazaques, quirguizes e turcomenas nômades. Foram necessárias décadas para que essas ideias se infiltrassem nas gerações.

A luta pela educação das mulheres foi igualmente difícil. Em 1931, os soviéticos realizaram pesquisas nas escolas em Surkhan-Darya Oblast. Em uma aldeia, não atípica, eles não encontraram nenhuma menina na escola. A educação poderia ser uma maneira de mobilizar uma nova agenda cultural, mas isso só funcionaria se as meninas fossem para a escola. Antes da revolução, a taxa de alfabetização de mulheres na Ásia Central era quase zero. Em 1970, foi para 99%. A trajetória entre 1917 e 1970 é algo a ser observado. Foi preciso um grande esforço das militantes locais do Genotdel, dos trabalhadores do Partido Comunista local e do Estado soviético para levar adiante essa agenda. Uma melhora nos índices de alfabetização melhorava simultaneamente os indicadores de saúde. Paciência era necessária, mas também perseverança. Não foi possível ser conciliatório em relação aos velhos costumes, que tiveram que ser interrompidos. Em 1964, na comemoração do 40º aniversário da República Socialista Soviética do Uzbequistão, Fatima Kasymova subiu ao palco para falar sobre sua vida. A história dela nos dá uma sensação das esperanças de Naciye Hanim:

> Devo contar sobre minha vida como chefe da fazenda coletiva Engels, na região de Samarkand, nos últimos vinte anos, como mãe que, além de criar seis filhos, adotou outros dez de diferentes nacionalidades durante a Segunda Guerra Mundial. Depois de me graduar na Instituto Agrícola Samarkand, estou trabalhando agora na dissertação de mestrado sobre a seleção de uma variedade nova e muito doce de uvas sultana (...). Minha biografia, a biografia de uma mulher uzbeque comum, seria um exemplo vívido do que a União Soviética deu às mulheres do Oriente.

Mulheres comunistas fora da URSS tiveram grande inspiração nas posturas tomadas pelas soviéticas e suas lutas. Tornou-se um lugar comum para os partidos comunistas em todo o mundo criar frentes de mulheres na década de 1930 para desenvolver lutas lideradas por mulheres sobre questões femininas. Essas organizações e as lutas que atraíram mulheres de todos os setores moldaram as problemáticas que seriam trazidas aos partidos comunistas, que – estando enraizados no mundo – não seriam adotadas facilmente. Mulheres como Aminah Rahhal e Naziha Jawdat Dulaymi do Partido Comunista Iraquiano e da Liga para a Defesa dos Direitos da Mulher, bem como a comunista venezuelana Argelia Laya e a equatoriana Tránsito Amaguaña ("Mama Tránsito"), moldaram esse mundo da militância das mulheres comunistas. Muitas delas formariam organizações que se tornariam parte da Fundação Democrática Internacional das Mulheres, estabelecida em Paris em 1945.

"A aliança entre o branco e o negro fará a humanidade livre!" Liga contra a dominação imperial e colonial (1927). Cortesia: Instituto Internacional de História Social (Amsterdã).

FASCISMO COLONIAL

Em 1950, Aimé Césaire, o comunista da Martinica, uma das vozes mais precisas do século XX, olhou para a longa história do colonialismo que estava chegando ao fim. Ele queria julgar o colonialismo a partir das cinzas do nazismo, uma ideologia que surpreendeu os inocentes na Europa, mas que tinha sida fomentada lentamente pela experiência colonial europeia. Afinal, os instrumentos do nazismo – superioridade racial e violência brutal e genocida – foram cultivados nos mundos coloniais da África, Ásia e América Latina. Césaire, o poeta efervescente comunista, não tinha problema com o encontro entre culturas. O encontro da cultura da Europa com a da África e da Ásia forjou o melhor da história humana através do mar Mediterrâneo. Mas o colonialismo não era contato cultural. Era brutalidade.

> Entre a colonização e a civilização existe uma distância infinita; de todas as expedições coloniais que foram realizadas, de todos os estatutos coloniais que foram elaborados, de todos os memorandos que foram enviados por todos os ministérios, não poderia vir um único valor humano.

Césaire foi inflexível: o colonialismo não produziu nada que merecesse respeito na balança da história. Isso foi em 1950, quando algumas nações tinham acabado de sair da cicatriz do colonialismo e quando muitas sociedades batalhavam para se libertar do poder colonial. O que veio a definir o fascismo dentro da Europa através da experiência dos nazistas – as botas militares e as câmaras de gás – já eram familiares nas colônias. Esse fascismo colonial, que Césaire argumentou em *Discurso sobre o colonialismo*, precisava ser enfatizado. O colonialismo estava se afirmando nesse período, lutando para reviver seus impérios do Vietnã à Argélia, do Quênia à Malásia. O colonialismo fingia se distinguir do fascismo, então considerado essencialmente mau, e ressuscitar a si mesmo de uma forma paternalista e benigna. Césaire iria por outro caminho. Colonialismo e fascismo compartilham muitas coisas no âmbito dos efeitos – em termos de como eles apareciam para suas vítimas. Era evidente para Césaire, como marxista, que o fascismo era uma forma política de governo burguês nos momentos em que a democracia ameaçava o capitalismo; o colonialismo, em contrapartida, era puro poder justificado por racismo para confiscar recursos de povos que não estavam dispostos a entregá-los. Suas formas eram diferentes, mas suas condutas eram idênticas.

Das lutas anticoloniais da Internacional Comunista e da Liga contra o Imperialismo à luta antifascista na Espanha e depois contra a máquina de guerra nazista, a União Soviética se saiu bem. Os soviéticos, como Césaire, viram as ligações entre colonialismo e fascismo – ambos ligados um ao outro inextricavelmente pelo racismo. Não era possível combater o fascismo e colaborar com o colonialismo. Os dois emergiam da mesma origem, que o líder comunista R. P. Dutt chamou de *decadência capitalista*. Em *Fascismo e decadência social* (1934), Dutt apontou que a "revolta contra a ciência" prepara o terreno para "todas as mentiras e charlatanices, chauvinismo, teorias raciais, antissemitismo, avós arianas, suásticas místicas, missões divinas, homens fortes e salvadores, e todos os absurdos através do qual o capitalismo hoje pode tentar manter seu domínio por mais tempo". O racismo, a raiz do colonialismo e do fascismo, não era "insano", escreveu Dutt, mas "completamente racional e calculado". O capitalismo não pode oferecer uma "defesa racional" de si mesmo, de maneira que cria e sustenta a desigualdade social. Portanto, encontra abrigo em "uma onda de obscurantismo, oferecendo símbolos fantásticos e substituições enfeitadas no lugar de ideais".

Em 1917, os soviéticos revelaram os tratados secretos das potências imperialistas. Quando esses documentos foram lançados, Leon Trotsky – o comissário do povo de relações exteriores – observou:

> a diplomacia secreta é uma arma necessária nas mãos da minoria proprietária, que é compelida a enganar a maioria a fim de fazer esta última servir a seus interesses. O imperialismo, com seus planos mundiais de anexação, suas alianças vorazes e maquinações, desenvolveu o sistema de diplomacia secreta em seu mais elevado grau.

O registro soviético contra o colonialismo era claro, mesmo quando o Comintern se esforçou para produzir uma linha firme em um ou em outro país. Não houve nenhum caso no qual os soviéticos tenham considerado o domínio colonial valer a pena. O mesmo valeu para o fascismo, que os soviéticos viam como um anátema para a humanidade. A ajuda soviética à Espanha republicana foi um teste e o outro foi o imenso sacrifício da URSS na luta contra o fascismo na Segunda Guerra Mundial.

Em 1931, a esquerda espanhola ganhou as eleições e inaugurou a Segunda República Espanhola. Uma Frente Popular ainda mais radical chegou ao poder em 1936. Apenas dois países, o México e a URSS – as duas repúblicas camponesas que haviam sido formadas por revoluções –, apoiaram a República Espanhola. Políticas progressistas para minar os latifundiários, os aristocratas e os capitalistas colocaram a república contra o bloco dominante. Esse bloco encontraria rapidamente consolo no movimento fascista, bem como no exército do general Francisco Franco, que deixou os espanhóis colonizarem o Marrocos para o continente. Do norte da África, os fascistas vieram para a península Ibérica com a intenção de derrubar a república pela força. Uma guerra se seguiu, que foi – junto com a invasão italiana fascista da Etiópia em 1935 – uma linha de frente inicial do ataque fascista. Os soviéticos apoiaram a república, assim como os partidos comunistas de todo o mundo. Comunistas vieram em auxílio da república, dos Estados Unidos às Filipinas, da Índia à Irlanda. As brigadas internacionalistas, apoiadas pela URSS, forneceram uma fortaleza contra o avanço dos exércitos fascistas, que foram apoiados não só pelas potências fascistas (Itália e Alemanha), mas também pelo bloco imperialista (Grã-Bretanha e França). Fissuras entre os anarquistas e os comunistas fraturaram a unidade necessária na luta contra o fascismo, seguramente, mas é inegável que sem ajuda logística – "Operação X" – dos soviéticos, a república teria sido esmagada imediatamente, em vez de ter durado até 1939.

Quando a República caiu em março de 1939, os blocos imperialista e fascista pareciam fundidos. Quando Franco marchou para Madri, o embaixador britânico foi cumprimentá-lo. Quando Nehru, que tinha estado nas linhas de frente republicanas e estava totalmente por trás da república, ouviu isso, ele estremeceu. Essa aliança imperialista e fascista foi contra a humanidade. Franco ficaria no poder até sua morte, em 1975. Ele permaneceu aclamado pelos países "democráticos" da Europa.

A URSS, durante o verão de 1939, enfrentou uma iminente ameaça de invasão pelas potências fascistas e imperialistas, tal como a invasão que ocorreu logo após 1917. Na guerra na Espanha, ficou claro que os armamentos soviéticos que foram para lá, por meio da Operação X, não tinham a mesma qualidade dos produzidos pelos alemães e italianos. Os soviéticos enviaram 772 aviadores em pesados Tupolev SB, que acabaram sendo muito mais lentos e mais vulneráveis do que o alemão Messerschmitt Bf 109. A direção do exército soviético temia que uma invasão pelos nazistas e pelo bloco imperialista, após a queda da Espanha, fosse catastrófica para a URSS. Os nazistas já haviam tomado a Áustria no Anschluss de 1938 e haviam ameaçado conquistar a Lituânia, em março de 1939. Os italianos haviam tomado a Albânia, em abril de 1939, e as duas potências fascistas – Itália e Alemanha – assinaram o decisivo Pacto de Aço, em maio de 1939. O apaziguamento britânico do bloco fascista na reunião de Munique, em 1938, sugeriu um conluio entre o imperialismo e o bloco fascista. Esse era o contexto do pacto de Molotov-Ribbentrop, de 1939, no qual os soviéticos esperavam conseguir mais tempo para construir sua capacidade, antes de um inevitável ataque nazista. Certamente não deveria haver compromisso com o fascismo. Mas isso foi no domínio da *realpolitik* – uma maneira de ganhar tempo antes da guerra que estava por vir. De fato, em setembro de 1939, a URSS abriu nove fábricas para construir aviões e sete fábricas para construir motores de aeronaves. O Exército Vermelho cresceu de 1 milhão (primavera de 1938) para 5 milhões (junho de 1941).

Mas Stalin também tinha outras ideias. Em 10 de março de 1939, quando a República Espanhola estava prestes a cair, ele disse que a URSS deveria permitir que os "belicistas afundem profundamente na lama da guerra, para silenciosamente encorajá-los". Se a Alemanha e a Inglaterra fossem para a guerra, isso poderia "enfraquecer e esgotar" a ambos, permitindo que a URSS "com novas forças", eventualmente, entrasse na briga "no interesse da paz para ditar os termos aos beligerantes enfraquecidos". Isso não aconteceu. A França foi facilmente derrotada pelos nazistas e a Grã-Bretanha não encontrou o caminho para trazer tropas para o continente europeu. A guerra chegou à URSS sem que os imperialistas estivessem enfraquecidos. Os nazistas atacaram a URSS como esperado. Os soviéticos lutaram valentemente contra os nazistas, perdendo mais de 26 milhões de cidadãos soviéticos na longa guerra que acabou destruindo a máquina de guerra nazista.

Foi a União Soviética que salvou o mundo do nazismo. Foram os exércitos soviéticos que libertaram a maioria dos campos de concentração nazistas, e foram os exércitos soviéticos que entraram em Berlim e acabaram com a guerra. O general Dwight Eisenhower, o principal soldado americano no setor europeu, recordou a sua viagem para a frente oriental depois do fim da guerra.

> Quando voamos para a Rússia em 1945, eu não vi uma casa de pé entre as fronteiras ocidentais do país e na área ao redor de Moscou. Através dessa região invadida, o marechal Zhukov me disse que o número de mulheres, crianças e homens velhos que haviam sido mortos era tanto que o governo russo nunca seria capaz de estimar o total.

O fascismo, para aqueles do mundo colonizado, compartilhava muitas coisas com o colonialismo em seu comportamento: certamente o racismo, mas também a brutalidade, a depravação, a oscilação entre genocídio e encarceramento. Aimé Césaire não viu "fascismo" e "colonialismo" como esforços separados. Eles eram parentes. Mas na Europa, depois de 1945, houve uma grande pressão para se olhar o fascismo somente em sua expressão europeia, uma aberração de alemães e italianos. Sugerir que o fascismo foi apenas um nazismo sem ligação com o colonialismo permitiu aos europeus e aos estadunidenses reviverem – sem embaraço – suas histórias coloniais. Os britânicos usaram o pleno poder de seus exércitos para subjugar as aspirações nacionais, do Quênia à Malásia, enquanto os franceses tentaram retomar antigas colônias, da Indochina à Argélia. Os holandeses enviaram seus exércitos à Indonésia, enquanto os estadunidenses realizaram golpes e desembarques marinhos da Guatemala à República Dominicana, e também no Irã.

Em 1954, dirigentes do Conselho de Segurança Nacional dos EUA prepararam um importante memorando sobre a sua política estadunidense para a África. Os seus dois principais interesses eram as "reais e potenciais bases militares dos EUA na área" e o "acesso e utilização de matérias-primas estratégicas da área". Para garantir bases e matérias-primas, os Estados Unidos precisariam "apoiar a presença dos poderes coloniais na área" – nomeadamente, apoiar a continuação do colonialismo. O secretário de Estado dos EUA, John Foster Dulles, estava preocupado com o fato de que a descolonização significaria a entrega dos novos Estados para os comunistas e, assim, a perda de bases e matérias-primas para os EUA. "Zêlo" com relação à descolonização, ele disse, "precisa ser equilibrado com paciência". Aqui, "paciência" significava simplesmente o atraso da descolonização. Esse foi um retorno à linguagem e à lógica do imperialismo de antes da Segunda Guerra Mundial. Não havia sentido em que a luta antifascista tivesse alguma unidade com a luta anticolonial, ambas parte da luta humana mais ampla pela liberdade e contra a tirania. O fascismo tinha sido derrotado, mas o colonialismo seria bem-vindo na era do pós-guerra.

Em 1960, os EUA votaram no Comitê Político da ONU contra uma resolução que pedia a independência da Argélia. Mais tarde, naquele mesmo ano, os EUA votaram – efetivamente – para não permitir a supervisão das colônias portuguesas na África. Finalmente, naquele ano, os EUA se abstiveram em uma votação na Assembleia Geral da ONU sobre uma "Declaração sobre a Concessão da Independência aos Países e Povos Coloniais". Essa declaração foi um significativo feito da URSS em nome do mundo colonizado. Durante a 15ª Sessão da Assembleia Geral, em 23 de setembro de 1960, Nikita Kruschev, da URSS, disse que agora era a hora da "completa e final libertação dos povos definhados na escravidão colonial". De acordo com a Carta da ONU, as 100 milhões de pessoas que ainda viviam sob o colonialismo deveriam ser libertadas. Cinco dias depois, durante a discussão da Declaração, que foi patrocinada pela URSS, seu representante na ONU, Valerian Zorin, pediu a independência de todos os territórios coloniais dentro de um ano. "O processo de libertação é irresistível e irreversível", observou a Declaração, que passou por 89 votos a 0, com nove abstenções (incluindo potências coloniais como Bélgica, França, Portugal, Espanha, Reino Unido e África do Sul, sob o *apartheid*). Ficou claro que as antigas potências coloniais e os Estados Unidos tinham pouca simpatia pela luta anticolonial, que estava entrelaçada com o legado da Revolução de Outubro.

Enquanto Zorin fazia a defesa da declaração, juntamente com 43 países da África e da Ásia, nas Nações Unidas, Cuba rompeu sua dominação colonial em direção à liberdade. Das montanhas da Sierra Maestra e das cidades veio o poder torrencial do povo contra o ditador Fulgencio Batista apoiado pelos EUA. "A revolução é feita em meio ao perigo", disse Fidel Castro enquanto liderava seu grupo de camponeses-soldados das montanhas para as cidades. Eles tinham triunfado contra probabilidades notáveis. Rapidamente, os revolucionários passaram uma série de decretos – assim como os soviéticos haviam feito – para levar as principais classes para o lado deles. Para atrair os cubanos urbanos, os revolucionários cortaram o aluguel pela metade – enviando um forte sinal para a burguesia de que eles tinham uma perspectiva de classe diferente. Então, os revolucionários enfrentaram os Estados Unidos, cujo governo detinha o monopólio dos serviços para a ilha. Companhias telefônicas e elétricas – todas estadunidenses – foram comunicadas de que deveriam reduzir suas taxas imediatamente. Então, em 17 de maio de 1959, o governo cubano aprovou sua reforma agrária – a pedra angular do processo revolucionário. A propriedade da terra seria restrita, para que nenhum grande proprietário de terra pudesse dominar, e assim a indústria de açúcar estadunidense não estrangularia as esperanças da ilha. A parte mais radical da reforma não foi o limite da posse da terra em si, mas a lógica de que a reforma agrária transformaria a estagnação da economia cubana e sua dependência dos Estados Unidos. A lei afirmava claramente que, do ponto de vista socialista:

> A reforma agrária tem dois objetivos principais: a) facilitar a plantação ou extensão de novas culturas com vista ao fornecimento de matérias-primas para a indústria, satisfazendo as necessidades alimentares da nação, aumentando a exportação de produtos agrícolas e, reciprocamente, a importação de produtos estrangeiros que são essenciais; b) desenvolver o mercado interno (familiar, doméstico), elevando o poder de compra da população rural. Em outras palavras, aumentar a demanda, a fim de desenvolver as indústrias atrofiadas por um consumo excessivamente contido, ou para criar aquelas que, por falta de clientes, nunca foram capazes de começar entre nós.

Os revolucionários queriam diversificar sua ilha de cana-de-açúcar, produzir segurança alimentar para o seu povo, retirar as pessoas do desespero, aumentar a capacidade de consumo de uma variedade de bens e engendrar uma economia centrada nas pessoas, e não em exportações. Muito antes de Castro anunciar seu compromisso com o comunismo, o regime já havia cuidadosamente desenvolvido e pensado a plataforma socialista.

Os Estados Unidos da América, tendo derrubado o governo nacionalista radical na Guatemala, em 1954, estava ansioso para repetir a tarefa em Cuba, em 1959. Um embargo veio rapidamente, assim como toda forma de humilhação possível contra o povo cubano. A economia cubana foi estruturada em torno da dependência de Washington, com açúcar comprado pelas empresas estadunidenses e a ilha transformada em um *playground* para turistas também estadunidenses. Os EUA decidiram, então, espremer essa pequena ilha, apenas a noventa milhas de sua costa. Canhoneiras foram aprontadas em uma tentativa de invasão fracassada, em abril de 1961, da Baía de Porcos. Cuba era vulnerável, mas também protegida pelas raízes profundas de sua revolução. Mas seria essa proteção o suficiente? Poderia Cuba, sozinha, ser capaz de sobreviver ao ataque violento dos Estados Unidos?

Em 5 de fevereiro de 1960, um líder na URSS e velho bolchevique – Anastas Mikoyan – veio a Havana para se juntar a Fidel Castro na abertura de uma exposição científica, cultural e técnica soviética. Uma semana depois, Mikoyan e Castro assinaram um acordo para que a URSS comprasse açúcar cubano a preço de mercado mundial (em dólares) e fornecesse créditos para os cubanos comprarem produtos russos. A URSS compraria quase toda a safra cubana de açúcar, mesmo o mercado consumidor russo podendo ser muito bem abastecido pelo açúcar de beterraba produzido dentro da URSS. Os preços flutuaram, mas, no balanço, os cubanos conseguiram encontrar um comprador regular para substituir os Estados Unidos. Os russos também forneceram mais de US$ 100 milhões em créditos para a construção da indústria química em Cuba, bem como treinamento técnico e científico de cubanos na URSS. A diversificação da economia de Cuba permaneceu no horizonte, embora tivesse ficado claro que não seria uma tarefa fácil. Em agosto de 1963, Castro anunciou que a diversificação, bem como industrialização, seria adiada. Cuba precisava se concentrar em sua colheita de cana para ganhar os meios para sobreviver ao embargo.

Castro se une às colheitas de cana-de-açúcar (1969).

Em 24 de fevereiro de 1965, Che Guevara dirigiu-se ao Segundo Seminário Econômico de Solidariedade Afro-Asiática em Argel, Argélia. Ele foi falar sobre os problemas econômicos de uma revolução em um país pós-colonial. Derrubar o antigo colonizador não foi suficiente, disse Che, já que "uma ruptura real" contra o imperialismo é necessária para o novo Estado realmente florescer e não permanecer na dependência. Como poderia o Estado pós-colonial sobreviver a um clima econômico hostil? Quem compraria seus bens – majoritariamente primários, bens não processados – a um preço justo, e quem lhes emprestaria capital a juros justos para que pudessem se desenvolver? Bancos e países capitalistas não forneceriam ao Estado pós-colonial, particularmente a um Estado socialista, os meios para sair da armadilha do subdesenvolvimento. Os bancos emprestariam dinheiro a um Estado pós-colonial a taxas mais altas do que as exigidas dos poderes coloniais. Dinheiro a juros altos só colocaria o Estado pós-colonial em mais dificuldades, já que seria difícil pagar a dívida e se veria, então, ela se multiplicar. Para evitar esta situação, Che argumentou, os "países socialistas devem ajudar a pagar pelo desenvolvimento dos países que estão começando agora o caminho para a libertação". O comércio entre países socialistas não deve ocorrer com base na lei do valor do capitalismo, mas através da criação de preços fraternos. Che afirmou:

> A verdadeira tarefa consiste em fixar preços que permitirão o desenvolvimento. Uma grande mudança de ideias estará envolvida na mudança da ordem das relações internacionais. O comércio exterior não deve determinar a política, mas deve, ao contrário, subordinar-se a uma política fraterna para com os povos.

A China, em 1960, ofereceu a Cuba um crédito de US$ 60 milhões sem juros e sem um cronograma para o reembolso. Esse foi um invejável empréstimo. Mas a escala era muito menor que a da assistência soviética. Em 1964, a URSS havia fornecido a Cuba assistência econômica avaliada em mais de US$ 600 milhões, enquanto os países da Europa Oriental ofereceram várias centenas de milhões em ajuda e assistência. A URSS também treinou mais de 3 mil cubanos em agronomia e mecanização agrícola, bem como 900 engenheiros e técnicos. Che reconheceu o valor da "política de fraternidade" soviética tanto em termos de treinamento quanto nos preços oferecidos. "Claramente, não poderíamos pedir ao mundo socialista para comprar essa quantidade de açúcar a esse preço com base em motivos econômicos", ele disse em 1961, "porque realmente não há razão no comércio mundial para essa compra e foi simplesmente um gesto político".

Dipa Nusantara Aidit, líder do Partido Comunista da Indonésia, falando em uma reunião eleitoral em 1955. O Partido cresceria aos trancos e barrancos na década que se seguiu.

COMUNISMO POLICÊNTRICO

Em 1956, os tanques soviéticos entraram na Hungria. O debate sobre essa intervenção se espalhou por toda a esquerda do mundo. "O povo húngaro e o polonês têm escrito suas críticas ao stalinismo sobre as ruas e praças", escreveu o marxista britânico E. P. Thompson. A intervenção soviética ocorreu alguns meses após o 20º Congresso do Partido Comunista da URSS, no qual Nikita Kruschev denunciou Stalin e culpou todas as distorções na URSS ao "culto à personalidade". O ataque a Stalin e a intervenção da URSS na Hungria prejudicou sua reputação no Terceiro Mundo – uma reputação positiva não só porque construiu um Estado moderno e equitativo a partir de uma sociedade camponesa, mas também porque usou sua incrível destreza – construída com grande sacrifício – para derrotar o fascismo. O anticolonialismo dos primeiros sovietes foi uma inspiração para o antifascismo da próxima geração. Isso estava agora prejudicado pelas revelações do 20º Congresso e pela invasão da Hungria.

Palmiro Togliatti, o líder do Partido Comunista Italiano, apelou para uma reconsideração da centralidade de Moscou para o movimento comunista mundial. "Estradas nacionais para o socialismo" precisavam ser desenvolvidas, Togliatti escreveu, ao reiterar um desejo mais antigo de "comunismo policêntrico". Ou seja, um comunismo não centrado em Moscou e na política externa soviética. A intervenção soviética na Hungria e as revelações de Kruschev produziram na Europa um processo que levou – gradualmente – ao eurocomunismo do líder do Partido Comunista da Espanha, Santiago Carrillo, que disse, em 1976, "antes Moscou era nossa Roma, mas não mais. Agora não reconhecemos nenhum centro orientador, nenhuma disciplina internacional". Esse foi um comunismo que não mais acreditava em revolução, mas estava suficientemente satisfeito com uma dinâmica evolutiva. Os partidos europeus, corretos em seu desejo por desenvolver suas próprias estratégias e táticas, no entanto, lançaram-se em um caminho autodestrutivo. Poucos ficaram de pé depois que a URSS entrou em colapso, em 1991. Eles fizeram campanha pelo policentrismo, mas, no final, alcançaram somente um retorno à social-democracia.

Entre os partidos comunistas do Terceiro Mundo, uma orientação diferente tornou-se clara depois de 1956. Enquanto na Europa Ocidental, os partidos pareciam ansiosos por criticar a URSS e suas contribuições, os partidos do Terceiro Mundo reconheceram a importância da URSS, mas procuraram alguma distância da sua orientação política. Durante suas visitas a Moscou, na década de 1960, os campeões do "socialismo africano" como Modibo Keïta, do Mali, e Mamadou Dia, do Senegal, anunciaram a necessidade de não alinhamento e a importância de processos de construção socialista desenvolvidos nacionalmente. O marechal Lin Biao falou da necessidade de uma "aplicação criativa" do marxismo no contexto chinês. O jovem líder do Partido Comunista da Indonésia – Dipa Nusantara Aidit – mudou seu partido em direção a uma base firme no marxismo-leninismo e nas peculiaridades da história da Indonésia. Em dezembro de 1961, Aidit falou ao seu partido sobre a importância do "policentrismo". "Nenhum partido comunista que dependa de outro pode se desenvolver normalmente", ele disse. Na Índia, o Partido Comunista da Índia (Marxista) (PCIM) saiu do Partido Comunista da Índia, em 1964, em meio a um debate que incluía o papel da URSS como árbitro das linhas nacionais. "Nós percebemos que podemos aprender muito pouco com as experiências das revoluções soviéticas e chinesas", disse Hare Krishna Konar, um líder camponês do PCIM. "Nas peculiares e objetivas realidades da Índia, temos que confiar em nós mesmos para formular as estratégias e táticas da nossa revolução. A luta camponesa indiana deve necessariamente tomar um rumo diferente da luta do camponês liderado pelo Partido Comunista Chinês".

No Terceiro Mundo, o comunismo era um movimento dinâmico e não foi tratado como uma religião incapaz de errar. "O socialismo é jovem", escreveu Che Guevara em 1965, "e possui seus equívocos". O socialismo exigia críticas incessantes para se fortalecer. Tal atitude estava em falta na Europa da Guerra Fria e na América do Norte, onde os soldados capitalistas da Guerra Fria tomavam qualquer autocrítica dos comunistas como uma fraqueza e também onde os camaradas caíram tragicamente na defensiva e na construção de ilusões. "A marca oculta do marxismo ocidental como um todo", escreveu Perry Anderson, em 1979, "é, desse modo, uma política da *derrota*". Essa não era a atitude no Terceiro Mundo, onde o Partido Comunista da União Soviética era visto como um aliado, mas não como a marca de suas lutas revolucionárias. Eles não ligavam seus movimentos de maneira teológica à URSS. Depois de 1956, o comunismo foi condenado pelos soldados capitalistas da Guerra Fria pela intervenção soviética na Hungria. Isso desempenhou algum papel no Terceiro Mundo, mas não foi decisivo. Na Índia, em 1957, os comunistas ganharam uma eleição em Kerala e se tornaram o partido no poder naquele Estado. Em 1959, a Revolução Cubana derrubou uma ditadura e adotou o marxismo-leninismo como sua teoria geral. No Vietnã, em 1954, os comunistas tomaram conta do norte do país e lutaram bravamente para libertar o resto do país. Essas foram vitórias comunistas, apesar da intervenção na Hungria.

Em reação aos ocorridos na Hungria, o líder do Partido Comunista da Índia (PCI), Ajoy Ghosh, escreveu uma carta em *New Age* sobre esses acontecimentos. Ele admitiu que o partido havia se equivocado ao "idealizar a URSS" e em não ter sido atento às críticas ao Estado. Houve um debate violento no Comitê Central do Partido Comunista da Índia sobre a Hungria, em dezembro de 1956, que não foi facilmente resolvido. A execução do líder comunista Imre Nagy, no verão de 1958, apenas colocou mais comunistas indianos contra a direção tomada pela URSS. O que estava acontecendo dentro da URSS?

Uma luta se abriu dentro do PCI sobre qual deveria ser a atitude do partido em relação à URSS – entre um setor mais próximo do ponto de vista soviético e outro que estava contrário a ele. Em abril de 1957, em uma reunião do PCI na província de Bengala Ocidental, os comunistas decidiram discordar da posição de que a URSS deveria ser seguida cegamente. O comitê resolveu "interpretar e aplicar" o marxismo-leninismo de acordo com suas próprias condições. Em julho daquele ano, o líder do PCI, Z. A. Ahmed, disse que "a URSS não é mais nenhum modelo". Em outubro, em uma reunião fechada do comitê do partido em Bombaim, os integrantes do partido criticaram fortemente o Partido Comunista da URSS (PCUS) e a incapacidade do PCI em criticar a URSS. Em junho de 1958, a unidade de Bengala Ocidental do PCI disse à liderança do partido que eles discordavam da posição de subserviência à URSS. A execução de Nagy e o fracasso do PCI para condená-lo incomodou os comunistas, bem como a ruptura do PCI com a Iugoslávia, em concordância com a URSS. Quando o PCI se separou, em 1964, o novo partido que emergiu dele – o Partido Comunista da Índia (Marxista) – respeitava a Revolução de Outubro e a Revolução Chinesa, mas não aceitou ordens de nenhum dos dois. O PCIM desenvolveria sua própria teoria, baseada na – como disse Lenin – "coisa mais essencial no marxismo, a alma do marxismo, a análise concreta da situação concreta".

A mesma história impulsionou o Partido Comunista da Indonésia (PKI) para frente, que em 1951 tinha apenas 5 mil membros e, em 1964, possuía 2 milhões e mais 15 milhões de pessoas em suas organizações de massa (metade da Frente dos Camponeses Indonésios). O partido tinha raízes profundas nas regiões densamente povoadas do leste e centro de Java, mas tinha – na década posterior a 1951 – começado a crescer nas ilhas exteriores, como a Sumatra. Um exército viciosamente anticomunista não conseguiu impedir o crescimento do partido. As novas lideranças do Comitê Central do Partido, em 1953, estavam na casa dos 30 anos; o novo Secretário-Geral – Aidit – tinha apenas 31 anos de idade. Esses comunistas estavam comprometidos com as lutas de massa e com campanhas de massa, para construir a base do partido na Indonésia rural. A Frente dos Camponeses Indonésios e o Sindicato dos Trabalhadores nas Plantações – ambas organizações de massa do PKI – lutaram contra o trabalho forçado (*romusha*) e encorajaram expropriações de terra (*aksi sepihak*). Essas campanhas se tornaram mais e mais radicais. Em fevereiro de 1965, o Sindicato dos Trabalhadores nas Plantações ocupou terras pertencentes à empresa estadunidense US Rubber, no norte da Sumatra. A US Rubber e a Pneus Goodyear viram isso como uma ameaça direta aos seus interesses na Indonésia. Tamanha audácia não seria tolerada. Três empresas petrolíferas transnacionais (Caltex, Stanvac e Shell) observaram os acontecimentos com preocupação. O diplomata estadunidense George Ball escreveu ao assessor de segurança nacional dos EUA, McGeorge Bundy, que, "a longo prazo", eventos na Indonésia como essas expropriações de terra seriam "mais importantes do que o Vietnã do Sul". Ball sabia. Ele supervisionou o golpe de 1963 no Vietnã do Sul contra o aliado dos EUA Ngo Dinh Diem. O Ocidente sentiu que não poderia ficar esperando enquanto o PKI se tornava mais agressivo.

Em 1965, o PKI tinha três milhões de membros – tendo filiado um milhão de membros naquele ano. Havia surgido como uma força política séria na Indonésia, apesar das tentativas dos militares anticomunistas de deter seu crescimento. A filiação em suas organizações de massa subiu para 18 milhões. Um incidente estranho – a morte de três generais em Jacarta – desencadeou uma campanha massiva, ajudada pela CIA e pela inteligência australiana, para extirpar os comunistas da Indonésia. Assassinatos em massa era a ordem do dia. Os piores incidentes ocorreram em Java Oriental e em Bali. Forças do Coronel Sarwo Edhie, por exemplo, treinaram esquadrões de milicianos para matar comunistas. "Nós demos a eles dois ou três dias de treinamento", disse Sarwo Edhie ao jornalista John Hughes "e depois mandamos que matassem comunistas". Uma testemunha ocular relatou que os prisioneiros foram forçados a cavar um túmulo, depois, "um por um, eles foram espancados com tacos de bambu, suas gargantas cortadas e foram empurrados para a vala comum". Até o final do massacre, um milhão de homens e mulheres indonésios da esquerda foram enviados para essas sepulturas. Milhões foram isolados, sem trabalho e amigos. Aidit foi preso pelo coronel Yasir Hadibroto, trazido a Boyolali (em Java Central) e executado. Ele tinha 42 anos.

Não havia como o movimento comunista mundial proteger seus camaradas indonésios. A reação da URSS foi morna. Os chineses chamaram o episódio de crime "hediondo e diabólico". Mas nem a URSS nem a China poderiam fazer alguma coisa. As Nações Unidas ficaram em silêncio. O PKI decidiu tomar um caminho sem armas. Seus quadros não podiam se defender. Eles não eram capazes de enfrentar as gangues militares e anticomunistas. Foi um banho de sangue.

Em 1966, movimentos de libertação nacional chegaram a Havana, Cuba, para inaugurar a Tricontinental. Essa seria uma plataforma para aqueles movimentos que não haviam abaixado as armas. Eles reagiram à brutalidade da recusa colonial em aceitar o veredito da história e uma reação ao massacre na Indonésia. Che Guevara já havia deixado Cuba rumo ao Congo, onde esperava concentrar as rebeliões em todo o continente africano. Ele enviou uma carta para a Tricontinental que foi lida por Fidel Castro. Nela, ele observou que a ação armada contra o imperialismo se estendia do Vietnã, em um extremo, à Venezuela, no outro. No meio disso, Che escreveu que era na Indonésia "onde não podemos supor que a última palavra tenha sido dita, independentemente da aniquilação do Partido Comunista naquele país, quando os reacionários assumiram".

Houve pouca menção à União Soviética em Havana. Isso abrandou seu apoio aos movimentos de libertação nacional, ávidos por trégua e conciliação com o Ocidente em meados da década de 1960. Em 1963, Aidit havia criticado os soviéticos, dizendo: "Os Estados socialistas não são genuínos se eles não conseguem realmente dar assistência à luta de libertação nacional". A razão pela qual partidos como o PKI se apegaram a "Stalin" não foi porque eles defenderam os expurgos ou coletivização na URSS. Foi porque "Stalin", no debate sobre a militância, havia vindo para substituir o idealismo revolucionário pela luta antifascista. Aidit havia concordado que os soviéticos poderiam ter qualquer interpretação de "Stalin" em termos de política interna ("critique-o, remova seus restos do mausoléu, renomeie Stalingrado"), mas outros partidos comunistas tinham o direito de avaliar seu papel internacionalmente. Ele era um "farol", disse Aidit em 1961, cujo trabalho foi "ainda útil para os países do Oriente". Essa foi uma declaração contra a conciliação em relação ao imperialismo da era Krushchev. Foi uma posição compartilhada em muitos dos partidos comunistas do Terceiro Mundo.

Muitos partidos comunistas, frustrados com o ritmo da mudança e com a brutalidade dos ataques contra eles, aderiram às armas nesse período – do Peru às Filipinas. O massacre na Indonésia atingiu fortemente o movimento comunista mundial. Esse movimento rumo às armas, entretanto, teve suas limitações, já que muitos deles confundiram as táticas da revolução armada com uma estratégia de violência. A violência funcionou de maneira mais eficaz por outro caminho. Os comunistas foram massacrados na Indonésia – como vimos – e também no Iraque, Sudão, Ásia Central e América do Sul. A imagem dos comunistas sendo lançados ao mar, de helicópteros, é bem menos conhecida do que qualquer clichê sobre a URSS.

Meus volumes de *O capital*, de 1981.

MEMÓRIAS DO COMUNISMO

Em 1977, quando eu tinha 10 anos, a Frente de Esquerda ganhou as eleições na minha Bengala Ocidental nativa. Bandeiras vermelhas encheram Calcutá, a cidade onde eu morava, e manifestações e desfiles se tornaram uma realidade cotidiana. Jyoti Basu, o líder do PCI (M), tornou-se o ministro-chefe. Ele foi à rádio, em 22 de junho, e apresentou sua visão para o Estado:

> As pessoas comuns do nosso Estado enfrentam sérios problemas para suprir necessidades básicas da vida. Os problemas se acumularam ao longo dos anos em todas as esferas – alimentação, vestuário, habitação, transporte, energia, educação, saúde e até mesmo em relação às instalações de água potável. A economia do Estado está em uma condição moribunda e o sofrimento das pessoas não conhece limites. Desemprego massivo, fábricas fechadas, recuos, ausência de investimento, escassez de energia – todos esses problemas assumiram proporções assustadoras. A condição do campo é difícil de descrever. Vamos fazer esforços sérios e sinceros para enfrentar esses problemas.

Ele afirmou ainda que a polícia não ficaria do lado dos capitalistas e que a burocracia estatal tampouco trabalharia contra os movimentos populares. O governo da Frente de Esquerda iria imediatamente realizar a reforma agrária e registrar os trabalhadores rurais sem-terra. Essas medidas imensamente populares deram popularidade à esquerda no Estado e fora dele.

Quatro anos depois, em 1981, comprei minha primeira edição de *O capital*, de Marx – da Progress Publishers – que fica agora no apartamento da minha mãe em Calcutá. Eu li devagar, tentando encontrar meu caminho na complexidade da prosa de Marx. Minha tia já estava no movimento comunista. Eu a admirava à distância por seu compromisso e sua postura. Eu li *O capital* linha por linha, assim como *Os dez dias que abalaram o mundo*, de John Reed, e os escritos de Marx sobre a Comuna de Paris. Esses livros, ao lado do que estava acontecendo na zona rural de Bengala Ocidental, foram minhas janelas para o mundo do comunismo e para a URSS. Mais tarde, eu me encontraria em protestos e manifestações, entrando gradualmente no mundo do PCI(M) e suas organizações de massa. Meus novos companheiros e eu discutíamos principalmente a política indiana, mas também – de vez em quando – a evolução do movimento comunista mundial. Nosso contato com a URSS não começou em 1917, mas com nossas próprias experiências. Olhávamos para Moscou como um primo distante, não como um pai.

Um dos livros que pude encontrar em uma livraria de usados foi o magistral *História da Revolução Russa*, de Leon Trotsky. Eu o li durante o feriado de Durga Puja, em 1982, sentado no calor de Calcutá, com uma lanterna *petromax* para compensar a "baixa tensão de energia". Minha cópia antiga é marcada – cada página com uma nota. Bem no final há uma sentença que me atraiu e ainda o faz. É sobre como nunca foi dada à URSS uma chance por parte da burguesia – como era de se esperar. Desde seus primeiros dias, foi criticada impiedosamente. Trotsky escreveu seu livro em 1930, sentado em Istambul, exilado na Turquia. Treze anos se haviam passado desde a Revolução de Outubro, que já estava sendo ridicularizada. O "capitalismo", Trotsky escreveu em sua conclusão,

> precisou de cem anos para elevar a ciência e técnica às alturas e mergulhar a humanidade no inferno da guerra e da crise. Já o socialismo, exigem seus inimigos, precisa em apenas quinze anos criar e fornecer um paraíso terrestre. Não jogamos essa obrigação sobre nós mesmos. Nunca definimos essas datas. O processo de vasta transformação deve ser medido por uma escala adequada.

Entretanto, a URSS não teve tempo de se desenvolver. Ela durou apenas setenta anos, um curto período de tempo levando em consideração a história mundial. Suas conquistas têm sido ridicularizadas – sendo sua queda o maior argumento contra suas realizações. Mas não é porque desapareceu que significa que não teve méritos. Ela nos forneceu a garantia de que um Estado operário e camponês pode existir, que pode criar políticas para beneficiar as massas populares, em vez de apenas os ricos, que pode curar e educar em vez de simplesmente fazer morrer de fome e matar. Isso é algo ao qual se aferrar.

"Ao criar um novo tipo de Estado soviético", Lenin escreveu em 1918, "resolvemos apenas uma pequena parte desse problema difícil. A principal dificuldade reside na esfera econômica". Socializar a produção não seria fácil. Um ataque das forças oponentes à Revolução de Outubro – incluindo a maioria das potências ocidentais – jogou o novo governo na desordem. O Exército Vermelho tinha que ser organizado para defender o novo Estado, o que significou uma drenagem de recursos antes usados para fins sociais. Em nenhum momento, durante suas sete décadas, a União Soviética existiu sem grandes ameaças externas. Toda a sua arquitetura de planejamento socialista foi restringida pelos imperativos da segurança.

A URSS optou por impulsionar um rápido crescimento econômico para sustentar o Exército Vermelho e para fornecer riqueza social suficiente para melhorar a vida da população. Houve sempre uma preocupação de que o uso de estratégias para construir a capacidade industrial com pressa e aumentar a produtividade rural levaria a um Estado excessivamente centralizado. "Os comunistas se tornaram burocratas", advertiu Lenin, em 1918, em uma carta a Grigori Sokolnikov, um dos seus camaradas mais próximos. "Se alguma coisa vai nos destruir, é isso". Organizados para o combate devido ao cerco, conduzidos pela pressa em construir a estrutura física e a capacidade humana do país, pressionados pelas classes adversas às suas experiências, os soviéticos agiram para enfraquecer as instituições democráticas. Suas escolhas eram poucas. É nessa falta de escolhas que alguns dos principais erros institucionais surgiram para a União Soviética.

O pequeno Partido Bolchevique tornou-se o Partido Comunista da União Soviética (PCUS) e atraiu três milhões de membros em 1933. Era um partido dinâmico, que engajou as classes populares em novas atividades – incluindo novos desenvolvimentos interessantes em cultura, arte, filosofia, ciências técnicas e outros. Os grandes avanços criativos pareciam vir do nada, mas, na verdade, eles vieram do espírito da revolução e do seu instrumento, o partido. Quando ele começou a ir contra a oposição, extirpou a riqueza potencial da política soviética e ficou em uma posição enfraquecida. Os membros do partido se tornaram *apparatchiks* na burocracia, esvaziando a vida política do partido e privilegiando a vida administrativa do Estado. Com o aparato do tsar em seu exílio europeu, era necessário equipar a burocracia com cada pessoa capaz. Os membros do partido foram forçados a ir de organizadores da classe trabalhadora e do campesinato a burocratas. Isso em parte esvaziou o partido de sua vida. Não ajudou o fato de que tantos membros vibrantes do partido – Sokolnikov, entre eles, mas também o linguista Voloshinov, o erudito literário Medvedev, o diretor de teatro Meyerhold, o botânico Vavilov, o pianista Gayibova – tenham sido assassinados nos expurgos. O partido sofreu muito com a perda dessas pessoas talentosas, seja para empregos no Estado, seja para a forca.

Os avanços, apesar dos contratempos, foram incríveis. O planejamento como um mecanismo atraiu a admiração dos gerentes do estado capitalista. Permitiu que a URSS distribuísse melhor os escassos recursos para um rápido crescimento industrial. A estrutura física foi precisamente o que construiu a fortaleza da URSS contra o fascismo. Não há dúvida de que o liberalismo ocidental foi salvo pelo poder da URSS na Segunda Guerra Mundial. Se a URSS não tivesse avançado, como um resultado do Comunismo de Guerra, da Nova Política Econômica, e da política de industrialização de Stalin, então a Europa Ocidental teria sido destruída por décadas de fascismo. Acontece que as ambições de Hitler morreram nas cidades industriais da URSS, onde o aço e a argamassa surgiram para destruir a *Wehrmacht*. A Segunda Guerra Mundial devastou a URSS, que teve que ir para o Comunismo de Guerra para construir a sua força. O cerco ocidental havia começado novamente, assim como ocorreu logo após 1917. Não houve trégua para a União Soviética, que havia perdido mais de 26 milhões de pessoas na defesa da liberdade. Não se pode dizer o suficiente sobre os grandes sacrifícios do povo soviético em geral. Tragicamente, o fruto do sacrifício deles foi apreendido pelo liberalismo e não pelo comunismo.

Uma das principais limitações da URSS foi que ela não valorizou as aspirações democráticas do povo. De fato, ao restringir a democracia, permitiu ao Ocidente – apenas formalmente democrático – reivindicar o manto da democracia. Friedrich Engels escreveu sobre a revolta de fevereiro de 1848: "nossa era, a era da democracia, está se quebrando". Ele descreveu a cena na Câmara Francesa de Deputados, quando um trabalhador entrou com uma pistola na mão. "Chega de deputados", ele gritou: "Nós somos os mestres". Não era para ser em 1848. Mas essa é a marca irreprimível no comunismo – o desejo de participação e liderança. Em outubro de 1917, Lenin abordou essa possibilidade diretamente. "Não somos utopistas", ele escreveu. "Sabemos que um trabalhador não qualificado ou um cozinheiro não podem, imediatamente, se sair bem em um trabalho de administração do Estado". A palavra-chave aqui é "imediatamente". Treinamento é essencial, Lenin escreveu, e uma vez treinado, todo cozinheiro pode governar. "Nossa revolução será invencível", ele continuou, "se não tiver medo de si, se transferir todo o poder ao proletariado". Essa transferência de poder não aconteceu efetivamente, embora o Soviete Supremo fosse muito mais representativo da classe trabalhadora e do campesinato do que qualquer democracia liberal e sua liderança tivesse vindo de uma sólida classe operária (Brezhnev) e camponesa (Kruschev). A promessa completa do comunismo não poderia, no entanto, ser cumprida dentro dos limites da URSS.

A falta de democracia efetiva significava uma tendência à burocracia e à estagnação – reforçada pelo desvio de uma enorme quantidade do excedente social para o estabelecimento de segurança. Tentativas de reforma do sistema – tais como as de 1965, 1973 e 1979 de Kosygin – seriam malsucedidas. Foram iniciativas de cima para baixo. Eles não emergiram das profundezas do partido e da população. Era uma atitude similar à tentativa, na década de 1980, liderada por Gorbachev que levou ao fim da URSS. Gorbachev propôs a abertura (*glasnost*) e a restruturação econômica (*perestroika*), introduzindo essas palavras russas no inglês. Políticas similares foram feitas na China nessa mesma época, e muito do que ele tinha tentado estava dentro das várias tentativas de reforma de Kosygin. O que Gorbachev fez mais dramaticamente foi insistir em eleições multipartidárias e, essencialmente, em atacar frontalmente o papel do Partido Comunista na URSS. Havia uma palavra para isso – *demokratizatsiya* –, o desmantelamento das instituições do Estado, que foram então deixadas como presas fáceis dos oportunistas *apparatchiks* e de empresários privados que se tornaram os primeiros oligarcas russos – homens alimentados com a riqueza social produzida pelo povo soviético. A ruptura precipitada do Estado permitiu que políticos inescrupulosos, como Boris Yeltsin (juntamente com seus amigos intelectuais Anatoly Chubais e Yegor Gaidar), deixassem a URSS à beira do abismo. De fato, o que frequentemente não é levantado a esse respeito é que Yeltsin, com o apoio do general Pavel Grachev, conduziu um golpe contra a URSS, em outubro de 1993. Essa foi a Contrarrevolução de Outubro.

A União Soviética entrou em colapso em 1991. A grande riqueza social foi então entregue a uma oligarquia. A deterioração social foi rápida. A revista médica britânica *The Lancet* estimou que mais de um milhão de russos morreram "devido ao choque econômico da privatização em massa e à terapia de choque" na década de 1991 a 2001. A expectativa de vida do homem russo foi de 65, nos últimos dias da URSS, para 60 uma década depois. Desigualdade e tristeza voltaram para as novas repúblicas que se desprenderam da URSS. Não surpreende que as pesquisas rotineiramente aferissem que mais da metade dos cidadãos russos sonhavam com um retorno aos dias da URSS.

Tudo isso ficou claro para nós no PCI(M) e em outros movimentos de países terceiro-mundistas. Amílcar Cabral já tinha avisado, do palco do Tricontinental em 1966: "Devemos praticar a democracia revolucionária em todos os aspectos da vida do nosso partido. Não esconda nada do nosso povo. Não diga mentiras. Expor sempre as mentiras que são contadas. Não esconda dificuldades, erros e falhas. Não reivindique vitórias fáceis". Em 1990, o comitê central do PCI(M) alertou que os acontecimentos na URSS iriam em breve catapultar a sua destruição. "O conceito de ditadura do proletariado foi reduzido à ditadura do partido e este, às vezes, à ditadura da principal panelinha do partido". A democracia dentro da URSS havia sofrido. A classe trabalhadora e o campesinato tinham perdido o controle sobre o país que, agora, seria entregue a uma nova classe que não seguiria um caminho socialista. Quando a URSS entrou em colapso, nós – na órbita do PCI(M) – não ficamos surpresos, ainda que tenhamos lamentado sua perda para o povo soviético e para a política mundial.

A queda da URSS chegou ao mesmo tempo que a Índia se rendeu ao Fundo Monetário Internacional (FMI) e quando seu mundo social e político foi convulsionado pela violência política entre as linhas religiosas. Em 6 de dezembro de 1992, forças fascistas na Índia destruíram uma mesquita do século XVI. Em Bengala Ocidental, a Frente de Esquerda pediu que as pessoas criassem uma cadeia humana de 700 km desde a baía de Bengala até as montanhas do Himalaia. Lembro-me de estar no cruzamento de Hazra, em Calcutá, de mãos dadas com outros companheiros em uma linha que parecia se estender para o infinito em ambas as direções. Havia ali um sentimento eletrizante de fazer parte de um movimento que foi contra o fascismo e contra o capitalismo, que foi para o ser humano a liberdade em seu ponto mais alto. Nós éramos estranhos, a maioria de nós, mas estávamos unidos para fazer não apenas "outro mundo", mas um mundo socialista, um mundo de comunhão e cuidado, de valores que impulsionaram os bolcheviques à sua revolução em 1917. É um sentimento que carrego comigo agora.

A queda da URSS atingiu duramente Cuba, já que sua economia dependia do comércio com o bloco oriental. A liderança cubana assistiu alarmada como a URSS removia suas tropas da ilha e como recuou de seus compromissos na Nicarágua e em Angola. Parecia que o novo governo da URSS – liderado por Gorbachev – estava recolhendo a força soviética, antecipando-se a uma rendição ao Ocidente. Foi precisamente isso que Castro manifestou em 1991. Em uma entrevista à revista mexicana *Siempre*, Castro ofereceu sua avaliação do que estava acontecendo na URSS – setenta anos após a revolução. Vale a pena ler toda a resposta que ele deu quando perguntado se a dissolução da URSS era inevitável:

> Eu não acho que essas mudanças tenham sido historicamente inevitáveis. Eu não posso pensar assim. Eu não posso adotar essa abordagem fatalista, porque eu não acho que o retorno ao capitalismo e o desaparecimento do campo socialista era inevitável. Eu acho que fatores subjetivos desempenharam um papel importante nesse processo. Houve todos os tipos de erros, como por exemplo, o divórcio das massas. Se fôssemos nos aprofundar nesse assunto, diríamos que havia uma grande fraqueza ideológica porque as massas se afastaram dos ideais do socialismo, entre os quais a solidariedade humana é primordial. Os reais valores do socialismo estavam sendo negligenciados, e as questões materiais receberam mais atenção com o passar do tempo. A parte ideológica desse tipo de processo estava sendo negligenciada, enquanto a parte materialista estava sendo enfati-

> zada. De repente parecia que o objetivo do socialismo, de acordo com as declarações, discursos e documentos, concentrava-se apenas na melhoria do padrão de vida da população a cada ano: um pouco mais de tecido, um pouco mais de queijo, um pouco mais leite, um pouco mais de presunto, mais coisas materiais. Para mim, o socialismo é uma mudança total na vida das pessoas e o estabelecimento de novos valores e uma nova cultura que deve basear-se principalmente na solidariedade entre as pessoas, e não no egoísmo e individualismo.

O socialismo é uma mudança total na vida das pessoas: esse é o ponto mais importante não só de Castro, mas da experiência revolucionária cubana. É algo que acredito ser a lição mais importante da história da experimentação socialista até agora. A URSS será lembrada por seu avanço contra a monarquia, pela emancipação do campesinato e da classe trabalhadora, sua guerra contra o fascismo e seu apoio aos movimentos anticoloniais; não pode ser reduzida inteiramente aos expurgos ou ao fracasso em produzir uma ampla gama de *commodities*. Mas deveria também ser lembrada por não ter conseguido aprofundar nossa compreensão de uma democracia e de uma cultura socialistas. Esses são os desafios diante de nós. Temos que desenvolver novas ideias para aprofundar o significado do socialismo, uma tradição viva, não um passado morto.

Hoje, em muitas partes do mundo, apesar do colapso da URSS, a bandeira vermelha permanece no alto dos nossos movimentos. Quem carrega essa bandeira vermelha? Mulheres e homens corajosos que acreditam em uma causa, que é maior do que seu interesse próprio, que acreditam que, sejam quais forem os erros cometidos ao longo do século passado, o sonho do socialismo continua vivo e bem. Essas bravas mulheres e homens olham para o céu e veem a estrela vermelha sobre o mundo deles.